Siegfried Wittmer · Blindflug

SIEGFRIED WITTMER

Blindflug

Funker an Bord einer Ju 88

VERLAG LASSLEBEN KALLMÜNZ

ISBN 3 7847 3110 4

Gesamtherstellung Druckerei Laßleben, 93183 Kallmünz

1999

Vorwort

Meinen ersten Blindflug als Bordfunker absolvierte ich, Siegfried Wittmer, im November 1940 von dem im Osten Leipzigs gelegenen Fliegerhorst Brandis aus. Zu meinem letzten Blindflug während des Zweiten Weltkrieges startete ich im März 1944 am Flugplatz Marx bei Wilhelmshaven. Alle Blindflüge stellten an eine Flugzeugbesatzung besondere Anforderungen. Sichere Starts und Landungen bei Nacht und Nebel, einwandfreier Instrumentenflug, saubere Kartenarbeit, fehlerfreies Morsen, eine klare Beurteilung der jeweiligen Situation, entschlossenes Handeln und die vertrauensvolle Zusammenarbeit aller beteiligten Kameraden waren unabdingbar.

Für jede Blindflug-Crew ergaben sich über einzelne Besonderheiten hinaus immer wieder Probleme allgemeiner Art, die in chronologischer Reihenfolge in die drei Abschnitte

1) Ausbildung zum blindflugtauglichen Funker (1939–1940),
2) die Jahre des Blindfluges (1941–1944),
3) Sichtflüge und neues Sehvermögen (1944–1945) eingefügt werden.

Bei der Lektüre meiner Kriegs-Odyssee sollte der geneigte Leser vier sich teilweise überlagernde Ebenen unterscheiden. Es sind dies

a) der Dienstbetrieb und die Fronteinsätze bei meinen jeweiligen Luftwaffeneinheiten,
b) die politische, technische und militärische Entwicklung der Kriegsparteien,
c) meine eigenen, im Verlauf der rund fünfeinhalb Kriegsjahre schwankenden, sicher subjektiven und von jugendlicher Blindheit beeinflußten Empfindungen,
d) meine Überlegungen im Jahre 1999.

An dieser Stelle müssen vier weitere Vorbemerkungen eingeschoben werden.

1) Einzelne Passagen dieses Buches stützen sich auf Gespräche mit Leo Beck, Gerd Bremora, Ludwig Fuchs, Karl Gruner, Hein Kindermann, Helmut Müller, Hermann Schach und Alois Tischinger, außerdem auf meine Flugbücher und die Chronik „Kampfgeschwader 54" von Siegfried Radtke (München 1990).
2) Das Buch bietet nur eine Auswahl meiner Erlebnisse während des Zweiten Weltkrieges.
3) Alle Reden und Taten werden vom Sinn her wahrheits-, aber nach ungefähr 55 Jahren im einzelnen nicht immer wort- und detailgetreu wiedergegeben.
4) Wenn der eine oder andere Kamerad eine aus meiner Sicht etwas blamable Rolle spielte, habe ich seinen Familiennamen geändert.

Ausbildung zum blindflugtauglichen Funker
(1939–1940)

Während der Absolviafeier des Gymnasiums bei St. Stephan in Augsburg am 15. März 1939 erfuhr mein recht sympathischer Stiefvater Karl Sappl, daß deutsche Truppen in Prag einmarschierten. Er stieß meine Mutter an und erklärte mehr laut als leise: „Das bedeutet Krieg." Mein Vater, ein richtiger Bayer aus Fürstenfeldbruck, der in Nördlingen im Ries und dort wiederum am Zeitblomweg wohnte, konnte nicht flüstern. Meine Mutter genierte sich sehr und mahnte: „Karl, sei ruhig. Der Herr Zinth hat sich schon umgedreht." Doch er hatte recht, der Vater. Der Stiefsohn Siegfried aber trat zwei Wochen später als Arbeitsmann im Landkreis Karlsruhe, genauer gesagt im RAD-Lager 8/274 Liedolsheim, seinen Dienst bei der Pfinz-Saalbach-Regulierung an. Im Normalfall kam 1939 jeder Jüngling, der gerade Glieder und funktionstüchtige Sinnesorgane besaß, nach dem Arbeitsdienst (RAD) zum Militär. Genauso selbstverständlich, wie ich ab meinem sechsten Lebensjahr die Volksschule und später das Gymnasium besucht hatte, wurde ich 1939 Soldat. Schließlich gehörte ich einem Volke an, dessen Mehrheit einseitig national in den Kategorien des Kaiserreiches von 1871 dachte und sich durch den Vertrag von Versailles beleidigt fühlte. Im übrigen glaubte man in Deutschland seinerzeit ziemlich allgemein, daß ein Bub erst beim „Barras" (so ein Vulgärausdruck für die deutsche Wehrmacht) zu einem ordentlichen Mann werde. Wie vermutlich alle meine Konabsolventen war ich bubenhaft egozentrisch, träumerisch, mehr passiv als aktiv, Teil der Gemeinschaften, denen ich seit meiner Geburt angehörte. Mit dem mir im Gymnasium durchaus richtig vermittelten Wissen konnte ich noch nichts Rechtes anfangen. Deshalb bleibt mir im nachhinein nur die Feststellung, daß der erste Teil des Wortes „Reifezeugnis" nicht so sehr eine Tatsache, sondern vielmehr eine Hoffnung ausdrückte, etwa so: Nach einigen Lehr- und Wanderjahren könnte aus dem Siegfried Wittmer doch noch ein rechtschaffener Mensch werden.

Im Herbst 1939 hatten meine Wanderjahre schon begonnen; denn nach dem Arbeitsdienst und dem von meinem Vater vorhergesagten Kriegsbeginn wurde ich zur Luftnachrichten-Funk-Ersatzkompanie 18/7 in Augsburg eingezogen. Dort lernte ich morsen und befaßte mich sowohl mit Funkgeräten als auch mit Frequenzen. Man exerzierte und erfuhr vieles über den Aufbau der Wehrmacht. Anders als beim Arbeitsdienst hörte ich nichts über die Bedeutung des Nationalsozialismus. Diese politische Zurückhaltung empfand ich als angenehm. Eines Tages fragte uns der Kompaniechef, ob wir Bodenfunker bleiben wollten. Man benötige Bordfunker. Mein neben mir stehender Schulfreund Alois Tischinger, ein Schwabe aus Munzingen im Landkreis Donau-Ries, belehrte mich: „Beim fliegenden Personal bekommen wir jeden Tag ein Ei, eine Semmel, Milch und überdies pro Monat eine Gefahrenzulage." Diese Information war nicht ganz korrekt. Es gab nur an den Tagen Ei, Milch und Weißbrot, an denen geflogen wurde. Auf jeden Fall erklärten wir unsere Bereitschaft, Bordfunker zu werden. Ein Oberstabsarzt in Stuttgart befand, daß wir flugtauglich seien.

Allerdings waren wir frappiert, weil wir wider Erwarten von Augsburg zur Fliegerhorstkommandantur Schwäbisch Hall als Wetter- und Peilfunker versetzt wurden. Der Dienst beanspruchte uns nicht sonderlich. Ich wanderte mit meinem Freund Alois im Kochertal. Wir besuchten mehrmals die Comburg und spazierten gern durch das fachwerk- und türmereiche Hall. Wir hatten uns seinerzeit noch nicht von unserem zugegebenermaßen vorzüglichen Augsburger Gymnasium gelöst. Wie Schüler saßen wir beide am Ostersonntag des Jahres 1940 in einer Waldlichtung und erlebten die feiertägliche Stimmung mit den Augen Goethes: „Vom Eise befreit sind Strom und Bäche durch des Frühlings holden, belebenden Blick. Im Tale grünet Hoffnungsglück..." Vielleicht verbaute nicht nur das Gymnasialhafte in uns, sondern ganz allgemein die eigene Jugend – wir waren erst 19 Jahre alt – das natürliche Sehen. Wir bedurften gewisser Stützen, in diesem Falle Goethes, um die Schönheit des Huflattichs und des Seidelbastes und des Blickes ins Tal zu erfassen. Am Flugplatz Hessental imponierten uns die Männer, die täglich mit ihren Maschinen vom Typ Heinkel 111 (He 111) seit dem 10. Mai 1940 nach Frankreich, Belgien oder in die Niederlande starteten. Weder Alois noch ich dachten an die mit diesen Flügen verbundenen Zerstörungen. Sie lagen außerhalb unseres Horizontes. Wir nahmen oft nur solche Dinge wahr, die sich unmittelbar vor unseren Augen lautstark bewegten.

Am 4. Juni 1940 fuhren Alois und ich nach Königgrätz an der Elbe zur Luftflotten-Nachrichten-Schule 2, um endlich doch noch Bordfunker zu werden. In Prag mußten wir etliche Tage auf andere Bordfunkeraspiranten warten. Da besuchten wir den Veitsdom und den Hradschin, bewunderten die Karlsbrücke, spazierten über den Altstädter Ring und den Wenzelsplatz. Obwohl wir zweifelsohne im 20. Jahrhundert lebten, dachten und schwärmten wir in den Kategorien sowohl der böhmischen Könige als auch der luxemburgischen und habsburgischen Kaiser. Über die Hussiten hatten wir im Unterricht nur Negatives gehört. Man hätte ohne das Wissen um die Bedeutung des Theologen Jan Hus Prag gar nicht betreten dürfen.

Schließlich landeten wir zufällig, aber auch bereit zu sündhaften Abenteuern, in einem Café mit einer Damenkapelle. Diese tschechischen Mädchen verzauberten uns mit ihren weichen und rhythmisch-schaukelnden Melodien. Sie beherrschten ihre Saxophone und Geigen souverän. Manchmal hauchten sie sehnsuchtsvoll und sehnsuchtweckend ins Mikrofon, manchmal sangen sie keck und keß direkt ins Publikum hinein. Das Lied „Praha je krásná" (Prag ist schön) entsprach genau dem, was wir beide in dieser Stunde empfanden. In dem ganzen Lokal störten vermutlich nur die zwei deutschen Uniformen. In unserer juvenilen Einfalt bedachten wir nicht, daß wir in den Augen der Tschechen als Angehörige einer barbarischen Armee gelten mußten; denn nicht zuletzt mit Hilfe der deutschen Wehrmacht hatte Hitler die 20 Jahre alte Tschechoslowakei, von deren Geschichte wir beide überhaupt nichts wußten, zerstört.

Am 8. Juni 1940 ging es mit dem Zug weiter nach Königgrätz. Dort, in Hradec Králové nad Labem, wurden wir zum ersten Mal in unserem Leben langfristig mit einem fremden Volk konfrontiert. Sämtliche Tschechen erwiesen sich als hilfsbereit. Die Menschen verstanden schnell. Sie drängten sich nicht auf. Wir besuchten ab und zu das moderne und für uns absolut neue Wellenbad. Da besaß doch tatsächlich eine tschechische Stadt mit ungefähr 50 000 Einwohnern eine Sensation, die es in der deutschen Großstadt Augsburg nicht gab. Viele Tschechen sangen gern und gut sowohl in Wirtshäusern als auch in den Kirchen. Der Weg zum sonntäglichen Gottesdienst im Dom führte uns entlang der Elbe. Da saßen Fischer mit meistens zwei Angeln und warteten gelassen auf Beute. Epikur, der Philosoph der ruhigen Freude, hätte diese Tschechen mit Sicherheit gelobt. Alois und ich fühlten uns im Dom von Königgrätz wie zuhause; denn der Priester betete lateinisch und segnete genauso wie in Nördlingen oder Augsburg. Eines Tages stapften wir durch das nahe Gelände der Schlacht von 1866. Bei dem Dorfe Chlum hatten sich die Österreicher bereit gestellt, beim 5 km entfernten Sadowa die Preußen. Deren Sieg war militärisch verdient. Im übrigen stand für uns fest, daß Hitler das Ergebnis von 1866, die kleindeutsche Lösung Bismarcks, endlich korrigiert hatte.

Wenn bei der bisherigen Lektüre dieses Buches der Eindruck entstanden sein sollte, daß wir nur einem Uniformtourismus auf Staatskosten huldigten, dann bedarf diese Meinung einer deutlichen Korrektur. Wir exerzierten, standen Wache, morsten am Boden, betrieben jede Art von Navigation, zerlegten Funkgeräte und erfuhren alles über die verschiedensten Wetterlagen. Außerdem wurde geschossen und endlich auch geflogen in einem Raum, der im Westen von Písek und Görlitz, im Osten von Oppeln und Zlín begrenzt war. Ich empfand die ersten Flüge in der Focke-Wulf 58 mit dem Beinamen „Weihe" als wunderbar. Die Maschine stieg – frei nach Rainer Maria Rilke – tatsächlich in die Himmelsstillen, um in lichten Profilen Liebling der Winde zu spielen. Manchmal lagen die Bauden und Matten des Riesengebirges direkt unter mir. Welch ein Gegensatz: „Ich, ein werdender Krieger, oben; unten friedliche Wanderer und immer wieder Tiere auf der Weide. Eines unserer Lieblingsziele war Zlín im östlichen Mähren. Dort bestaunte ich aus dem Flugzeug stets aufs neue die Fabrikanlagen der Firma Bat'a und daneben die schmucken Häuschen der Arbeiterfamilien. Von unserer gemächlich dahingleitenden Weihe aus mußten wir des öfteren im Vorbeiflug auf relativ große, am Boden schräg verankerte Scheiben mit zwölf Ringen schießen. Meine eigene Trefferzahl wurde mit dem Urteil „genügend" qualifiziert. Daß mein Freund Alois auch nicht genauer traf als ich, beruhigte mich. Jeder, der sich mit dem Maschinengewehr (MG) in einer Weihe zu betätigen hatte, stand in der Rumpföffnung der Maschine mit seinem Oberkörper frei im Luftzug. Das Schaukeln des Flugzeuges erinnerte mich an das lusterregende Auf und Nieder bei früheren Karussellfahrten auf irgendwelchen Rummelplätzen. Daß ich mich bei den Schießübungen immer sorgfältig am Boden der Weihe festzurrte, versteht sich von selbst. Schaukeln hin, Schaukeln her; ich wollte die Focke-Wulf nicht plötzlich ohne mich davonfliegen sehen.

Bei einem unserer Funkübungsflüge mit einer Ju 52 sollte ich in der Höhe von Zwittau (Svitavy) den nach Prag einzuschlagenden Kompaßkurs vom Flugplatz Rusin erfragen. Man nannte das in der Funkersprache „qdm". Ich morste und morste. Aber niemand antwortete. Entweder schlief der Peiler von Rusin oder ich hatte eine falsche Frequenz eingestellt. Da zog mich der Ausbilder, ein junger Unteroffizier, in die Höhe und spottete: „Sie haben vergessen, die Frequenzen abzustauben". Auf mein Schweigen hin erklärte er mir, daß die „jungen Spunde" heutzutage nur „zentnerschwere Weiber bewegen" könnten. Er aber sorge in seiner Ju 52 für Ordnung; denn Dienst sei Dienst und Schnaps sei Schnaps. Dann drückte er mir unweit von Pardubitz (Pardubice) eines der um uns herum gestapelten Fallschirmpakete in die Hände und befahl: „Zehn Kniebeugen mit dem Fallschirm in Vorhalte." Ich ging zehnmal nach unten und kam zehnmal wieder hoch. Als ich nach dieser Gymnastikeinlage von neuem um ein qdm in Prag-Rusin nachfragte, kam von dort prompt die Antwort, vermutlich 280°. Der Unteroffizier aber rief: „Warum nicht gleich so, Sie Flasche?" Wäre ich damals schon mit der Figur des braven Soldaten Schwejk vertraut gewesen, hätte ich über dem Land der Schwejks in Gedanken vielleicht als Antwort erwogen: „Bitte melden zu dürfen, daß wir zwischenzeitlich näher an Prag herangekommen sind." Oder: „Bitte bemerken zu dürfen, daß ich noch nie eine Flasche habe morsen hören." Aber mit Sicherheit wäre ein derartiger Satz dann doch nicht über meine Lippen gekommen. Ich war eben anders brav als der brave Schwejk. Daher quittierte ich die rhetorische Frage des im übrigen recht ordentlichen Funklehrers mit einem zwar unlogischen, aber zustimmenden „Jawohl, Herr Unteroffizier."

Während Alois und ich unsere Bordfunkerausbildung absolvierten, hatte Frankreich am 22. Juni 1940 einem Waffenstillstand mit dem Deutschen Reich zugestimmt. Im Verlauf eines meiner Urlaube kommentierte mein Vater in Nördlingen den Sieg über Frankreich unter anderem mit dem Satz: „A Hund is a scho, dea Hitla." Der Tiervergleich stellte eine leicht distanzierte, aber auch oberflächliche Anerkennung dar. Weder meine Eltern noch meine Kameraden bezeichneten den Überfall des von Hitler usurpierten Deutschen Reiches auf Norwegen, Dänemark, die Niederlande, Belgien und Luxemburg als Unrecht. Wir glaubten tatsächlich, die deutsche Wehrmacht habe den 1914 mißglückten Schlieffenplan jetzt, im Jahre 1940, erfolgreich durchgeführt. Darüber hinaus hielten wir die Besetzung der europäischen Festlandsküsten zwischen dem Golf von Biscaya und dem Nordkap für eine richtige Maßnahme im Kampf gegen Großbritannien. Während manche Leute im Sommer 1940 annehmen mochten, daß jetzt der Krieg, der 1914 begonnen hatte und durch einen Dolchstoß 1918 nur unterbrochen war, schon fast gewonnen sei, verlor die deutsche Luftwaffe in einer entscheidenden Phase die Schlacht um England, bekannt auch als „Battle of Britain". Hitler hatte am 16. Juli 1940 die Vorbereitung für eine Invasion der britischen Inseln angeordnet. Ab dem 10. August sollte unter dem Decknamen „Adlertag" von seinen Kampf- und Jagdgeschwadern die Luftherrschaft über England errungen werden.

Weil sich aber der Adlertag als Sankt-Nimmerleins-Tag entpuppte, und die Royal Airforce weiterhin den Himmel über ihrer

Heimat beherrschte, unterblieb auch die Landung der deutschen Wehrmacht im United Kingdom. Dem Sieg Hitlers über Frankreich war fast unmittelbar seine Niederlage am Ärmelkanal gefolgt. Auch die plumpen Pläne des vertragsbrüchigen Hasardeurs Adolf Hitler, sich im Herbst 1940 mit Spanien, dem Vichy-Frankreich und der Sowjetunion in einer engeren Weise als vorher zu liieren, scheiterten.

Die Jahre des Blindfluges (1940–1944)

Von den seinerzeitigen militärischen und diplomatischen Zusammenhängen wußte ich im Jahre 1940 nichts. Presse und Rundfunk sorgten dafür, daß die Masse der Deutschen blind für die Wirklichkeit blieb. Noch voller Stolz auf den Sieg über Frankreich trat ich am 15. November 1940 meinen Dienst an der Blindflugschule 1 in Brandis an. Weil mein Freund Alois nach Prag-Rusin versetzt wurde, trennten sich unsere Wege. Von Brandis aus flog man in einem Raum, der sich im Norden bis zur Ostsee, im Süden bis nach Brünn erstreckte. Am Tage wurde uns Flugschülern – dem Piloten und mir, dem Funker – die Sicht nach unten und nach den Seiten durch Vorhänge teilweise verwehrt. In der Nacht benötigten wir derartige Verdunkelungen nicht. Wir mußten ohne Sichtorientierung – etwa an Städten, Flüssen, Bahnlinien, Bergen – „blind" den von unserem Fluglehrer vorgegebenen Fliegerhorst finden, auf ihm landen, starten und wiederum „blind" das nächste Ziel ansteuern. Da meine eigene Funk- und Peilleistung in Brandis dreimal mit „gut" und dreimal mit „genügend" bewertet wurde, nehme ich an, daß wir unsere Ziele gefunden haben. Gefallen hat mir freilich diese Dunkelkabinenfliegerei gar nicht. Aber das war er jetzt, der *Blindflug*.

Ganz ohne Kontakte mit der Bevölkerung ging es auch in Brandis und in dem benachbarten Leipzig nicht ab. Hatte ich in Königgrätz das Gelände der Bataille von 1866 durchstreift, dann stand ich jetzt an einem verregneten Novembertag vor dem kolossalen Denkmal für die Völkerschlacht von 1813. Wenig heroisch, aber freundlich und verständnisvoll begegneten mir alle Leipziger, ältere Herren und junge Mädchen, in gleicher Weise. Wer auch immer von mir um Auskunft gebeten wurde, der gab sie bereitwillig. Meine Kenntnis des Sächsischen stützte sich bis 1940 lediglich auf einzelne Redewendungen in den Romanen Karl Mays. Jetzt vernahm ich zum ersten

Mal die mit den Zeitwörtern „beben" und „bibbern" zusammenhängende Interjektion „Ei verbibscht". Ihre Bereitschaft, dem vor ihnen stehenden, offensichtlich fremden, aber auch bildungswilligen Gefreiten mit den gelben Spiegeln an der Uniform eine Sehenswürdigkeit zu zeigen, deuteten die Leipziger gerne mit dem Satz „Och, do gomm ich äbm mit" an. So fand ich die Universitas Litterarum Lipsiensis, das Reichsgericht, die Thomaskirche, das Gohliser Schlößchen und schließlich ein Restaurant.

Nach sechs Wochen Brandis wurde ich, mittlerweile ein geprüfter Blindflieger, zum Flugplatz Okęcie südsüdwestlich von Warschau transportiert. Während der viereinhalb Monate, die ich an der dortigen Kampffliegerschule 3 verbrachte, übten wir Bombenabwürfe, MG-Schießen in der Luft, Funkverkehr jeder Art, Tiefflüge, Luftkämpfe und auch den Verbandsflug. Wir bewegten uns innerhalb eines Raumes, der durch die Eckpunkte Warschau-Tschenstochau-Rügen-Brüsterort-Warschau ziemlich genau begrenzt war. Ich liebte den Blick hinab auf die Ostsee. Die oft recht dunkle, ruhige und doch stets bewegte Fläche erschloß dem Binnenländer aus dem eher engen Ries eine weite, großartige Dimension. Unter mir lag das Reich Poseidons, des griechischen Gottes der Meere.

Warszawa, die Hauptstadt Polens, beunruhigte mich: Die meisten deutschen Soldaten – einschließlich meiner Person – fuhren mit den immer übervollen Straßenbahnen, ohne zu zahlen. Junge Polen und deutsche Uniformträger standen auf Trittbrettern oder auf Kupplungen und Puffern. In den Straßen bewegten sich viele geschmackvoll gekleidete Polinnen. Gleichgültig, ob im Winter oder im Frühling – vor allem beim Gehen kamen ihre Beine und ihre Figur voll zur Geltung. Diese bezaubernden Aphroditen warfen den Männern aus ihren lebhaften Augen kurze und wissende, aber auch distanzierende Blicke zu. Ganz distanzlos gaben sich dagegen die Prostituierten. In dem von den deutschen Soldaten als „Puff" bezeichneten Wehrmachtsbordell sollen die Männer nicht selten in einer Reihe gewartet haben. Manche Polin mußte ihren Leib mehrmals täglich für eine Viertelstunde oder auch länger sozusagen vermieten, damit sie selbst und – je nach den Umständen – ihre Angehörigen leben konnten. Daß die eine oder andere dieser Frauen von einem Geheimdienst der Alliierten für entsprechende Informationen über die Wehrmacht zusätzlich Geld erhielt, vermag man sich durchaus vorzustellen. Wenn jedoch ein Zyniker erklärte, daß die polnischen Bordellmädchen die besten Sexualerzieherinnen junger Soldaten gewesen seien, dann hat er das Wesen normaler Erotik gründlich verkannt. Daß aber die Prostitution in der Weltgeschichte eine feste, gewissermaßen internationale Konstante darstellt, ersieht man neben vielen anderen Beispielen sowohl aus dem Leben der Hetären und Dirnen in der klassischen Antike als auch aus der Existenz der abendländischen Frauenhäuser als auch aus der Klage des Rabban Jochanan ben Sakkai. Dieser bedeutende Thoralehrer von Jawne hatte um 75 n. Chr. erklärt: Weil die Männer in einer übergroßen Zahl zu Huren gingen, sehe er sich außerstande, angeklagte Dirnen zu verurteilen.

Nun, in Warschau konnte man nicht nur Mädchen auf Zeit, sondern auch relativ langlebige Bücher und Textilien aller Art erwerben. Seit 1941 besitze ich zum Beispiel von Carl Gustav Jung die „Terry Lectures 1937" über „Psychologie und Religion". Einige Kameraden ließen sich von polnischen Schneidern schicke Privatuniformen anmessen. Alle stiegen wir über irgendwelche Hintertreppen zu polnischen Fotografen in altmodische Ateliers. Ich posierte nicht nur im Fliegerdreß, sondern auch in der Ausgangsuniform. Die Polen konnten aus ihren Apparaten wirklich vorteilhafte Bilder hervorzaubern.

In Okęcie wurde ich einer Besatzung zugeteilt, für die der Flugzeugführer, ein Leutnant Hannes Grießler, namengebend war. Als Beobachter der Besatzung Grießler sollte der Gefreite Hugo Volkhausen, als Bordschütze der Gefreite Josef Barth fungieren. Hugo stammte aus Westfalen, war Malergeselle und Protestant. Mit ihm zu sprechen, brachte Gewinn. Mit ihm an Bord eines Flugzeuges zusammenzuarbeiten, bedeutete saubere Navigation.

Schon am ersten Tag nach unserer Ankunft in Okęcie näherte sich mir eine grau wogende Masse von Männern. Ein Kamerad rief: „Da kommen lauter Juden daher." Ich schätzte die Zahl dieser Menschen auf 200. Sie zogen täglich an uns vorbei, sahen elend aus, grüßten jeden einzelnen deutschen Soldaten und wurden von einem Wachpersonal begleitet, das sich selbst nur müde vorwärts bewegte.

Die von den Nationalsozialisten versklavten jüdischen Männer mußten je nach Bedarf Schnee räumen oder Schäden an der Startbahn und an den Schießständen beseitigen. Eines Tages sahen wir, wie einzelne Juden im Vorbeigehen Speisereste aus den vor unseren Häusern stehenden Abfallkübeln herausfischten. Hugo flüsterte mir zu: „Die schieben Kohldampf." Ich entgegnete: „Denen müßten wir Brot geben." Am nächsten Tag trug jeder von uns ein viereckiges Kommißbrot unter dem Arm. Wir steckten diese beiden Brote zwei gerade an uns vorbeiziehenden Männern zu. Die irgendwie lethargisch wirkenden Wachen sahen es, sagten aber nichts. Die Juden dankten mit Blicken und Worten. Diese Brotübergabe vollzog sich ein- bis zweimal pro Woche je nachdem, wie es der Dienstplan und unser Brotvorrat zuließen. Nach drei Monaten zog keine jüdische Arbeiterkolonne mehr an unserer Kaserne vorbei.

Hugo urteilte deutlich: Selbst wenn man so, wie seine Eltern, die Juden verabscheue, sei diese Art, mit ihnen umzugehen, ein „Saustall". Ich warf ein, daß die Israeliten ja selbst den Fluch Gottes auf sich geladen hätten. Hugo wies meine Ansicht so nachdrücklich als „albernes Pfarrergeschwätz" zurück, daß ich schwieg. Mir fehlte einfach das nötige Wissen. Kein Mensch hatte mir jemals in einer des 20. Jahrhunderts würdigen Weise die Kapitel 52 und 53 von Jesaias erklärt. Dort spricht der Prophet von einem „Knecht Gottes", der – von den Leuten gepeinigt und verachtet – ein Mann der Schmerzen sei. Hier, im Warschau des Jahres 1941, sah ich einen Teil der Nachkommen des Volkes, zu dem Jesaias gehört hatte, als gequälte und gedemütigte Männer vor mir. Von dem Gedanken, daß auch diese Söhne Israels als Kollektivperson mit dem Bild vom „Knecht Gottes" gemeint sein könnten, war ich 1941 meilenweit entfernt. Wenn im Neuen Testament die Passion Jesu Christi auf dem Hintergrund der Knechtsgestalt des Jesaias gesehen wird, dann unterstreicht das nur die Bedeutung der Leiden Israels.

Jeder deutsche Soldat erfuhr alsbald nach seiner Ankunft in Warschau, daß es mitten in der Hauptstadt Polens ein Ghetto gebe. Man konnte 1941 ohne weiteres mit der Straßenbahn durch dieses von den Verwaltern des sogenannten Generalgouvernements als „Seuchensperrbezirk" deklarierte Judenviertel fahren. Also bestiegen Hugo und ich eines Tages voller Neugierde die entsprechende Linie der Trambahn. Am Ghettoeingang sprangen zwei stramme deutsche Feldjäger auf den langsam fahrenden und ratternden Wagen. Sie belehrten uns, daß wir weder aussteigen noch mit einem Juden sprechen dürften. Außerdem bestehe Infektionsgefahr. Dann erblickten wir Polizisten in den mir seinerzeit noch fremden Farben Israels. Sie trugen nämlich weiß-blaue Armbinden mit dem Davidsstern. Einer dieser jüdischen Ghetto-Aufseher vertrieb mit seinem Schlagstock einen jungen Burschen, der ganz offensichtlich auf unseren Straßenbahnwagen zusprang. Es wimmelte rechts und links von dunkel gekleideten Männern mit schwarzen Hüten. Alles wirkte auf mich surrealistisch. Ich betrachtete diese Menschen so, wie ein naiver Tourist Fremde und Fremdes ansieht. Hugos Urteil lautete: „Skandal". Auf den Gedanken, daß auch wir Nichtjuden durch Hitler und seine brutalen Schergen selbst wie in einem arischen Riesenghetto lebten, kamen wir beide nicht.

Ich dachte nach der Ghettofahrt an meine Oma Wally, die mir als Kind erzählt hatte, daß von „den Juden unser Himmelpapa umgebracht" worden sei. Ich entsann mich auch meines Vaters, der mit mir im Jahre 1931 in Nördlingen in die Synagoge gegangen war. Dort hatte uns der Lehrer und Kantor Hermann Strauß, ein Kollege meines Vaters am Nördlinger Gymnasium, in der liebenswürdigsten Weise geführt. Als er mich einlud, die Thorarolle zu berühren, tat ich das, weil es mein Vater wollte. Aber ich hatte Angst vor dem Fremden, das ich als unheimlich empfand. Auch die schöne Geste der Nördlinger israelitischen Familie Max Weißbacher, die mir damals Mazzen schenkte, hatte ich nicht verstanden. Jung und dumm wie ich war, vermochte ich sowohl 1931 als auch noch 1941 nur in der Kategorie des Entweder-Oder zu denken. Entweder man war katholisch und gut oder evangelisch und nur teilweise ordentlich oder jüdisch und eben falsch. In Okęcie empfand ich Mitleid mit Menschen, von denen ich glaubte, daß man sie zu allererst hätte taufen müssen. Ich fühlte mich nicht nur bis 1939 als Bub, sondern auch jetzt als junger Soldat unsicher. Deshalb mußte ich zwangsläufig alle Lebensweisen, die mit meiner eigenen jünglingshaften und damit labilen Position nicht übereinstimmten, ausschließen. Erst als diese Phase einer altersbedingten Einseitigkeit durchlaufen war, wurde ich reif zum „Du" und zur Bejahung anderer Religionen, fremder Nationen und überregionaler Lebensformen.

Die Flüge der Besatzung Grießler verliefen nicht problemlos. Einmal starteten wir in Okęcie mit einer Dornier 17 (Do 17). Am Ende der relativ langen Startbahn stand eine Halle. Wir gewannen etwas an Höhe; doch dann sackten wir durch. In einer Art Schaukelbewegung rasten wir auf den Hangar zu. Ich erweckte eine zugegebenermaßen unvollkommene Reue so, wie ich es im Religionsunterricht gelernt hatte. Die Flugzeughalle war noch 200, jetzt nur noch 100 Meter entfernt. Da gelang es dem Piloten, in einem Abstand von vielleicht einem Meter über das Dach des Hangars hinwegzufliegen. Ich dankte dem lieben Gott. Nur 100 Zentimeter war ich vom Tod getrennt gewesen.

Auch ein späterer Flug mit einer Ju 86 verlief recht eigenartig. Ich saß während des Startes in Greifswald vor meinem Funkgerät. Sobald wir an Höhe gewonnen hatten, stieg ich, bereit zum Schießen, in eine Art Topf, den ich nach unten absenkte. Dieser zugige Maschinengewehrstand konnte ohne Übertreibung als abenteuerlich gelten. Man flog unter der Ju 86 wie in einer Gondel und besaß einen weiten Rundblick. Hier, in diesem aus Metall gefertigten MG-Korb regierte Aiolos, der antike Gott der Winde. Wider Erwarten öffnete irgend jemand schräg über mir im Rumpf der Maschine die Peilantennenluke. Da füllte sich eine am Boden liegende Plane gewaltig mit Luft an. Sie wuchs und hob unsere auf ihr bis dahin friedlich schlummernden Fallschirme so sehr in die Höhe, daß sie anfingen, sich selbständig zu bewegen. Kaum hatte ich, in meiner Gondel sitzend, die Rutschbereitschaft unserer Fallschirmpakete wahrgenommen, da stürzte Nummer I schon hinab auf das weite

Pommernland. Ich war angeschnallt und deshalb bewegungsbehindert. Also sprang auch der zweite Fallschirm an mir vorbei in die Tiefe. Inzwischen hatte ich mich mitsamt meinem MG-Topf in den Rumpf der Ju 86 hinein hochgezogen. Sofort hörte der Luftzug auf. Aiolos besaß sein Opfer, ich die restlichen zwei Pakete. Weil die Fallschirmseide für die Damenoberbekleidung erheblichen Wert besaß, mußte sich die Besatzung Grießler zunächst vom Verdacht des Diebstahls befreien. Nachdem man diesen Punkt hatte fallen lassen, blieb der Vorwurf des leichtfertigen Umgangs mit Wehrmachtseigentum. Ich sah mich schon in einer Haftzelle. Hugo blieb ungerührt. Die Reaktionen Grießlers und Josef Barths blieben mir verborgen. Doch plötzlich entwickelte sich die Tragödie zur Komödie, das heißt zu einem Drama mit gutem Ende. Ein für uns namenloser Polizist von Pasewalk hatte die zwei flüchtigen Fallschirme gefunden, konfisziert und fast unbeschädigt bei einer deutschen Wehrmachtsdienststelle abgeliefert. Ich dankte dem lieben Gott und betete für den unbekannten braven Pasewalker Ordnungshüter. Hoffentlich hat er die Jahre nach 1941 ohne allzu schlimme Schäden überlebt. Nicht nur die Starts und die Verselbständigung ihrer Fallschirme ließen die Besatzung Grießler in den Augen ihrer Kameraden als besonders bemerkenswert erscheinen.

Auch eine Landung mit Kopfstand erregte Aufsehen. Alle Rumpf- und Heckteile, die bei gewöhnlichen Landungen waagrecht zur Ruhe kommen, zeigten – beunruhigend anomal – schräg nach oben. Seinerzeit gab es bei den Kampffliegern noch keine Bugräder, so daß man immer wieder mit einem Kopfstand rechnen mußte. Die reichlich perverse Landung vom 13. Mai 1941 prägte sich mir auch deswegen besonders ein, weil ein paar Tage zuvor Rudolf Heß, der offiziell als „Stellvertreter des Führers" galt, nach einem Alleinflug über Schottland mit dem Fallschirm abgesprungen war. Heß, ein Phantast ähnlich wie Hitler, hatte Großbritannien in der nach dem Herbst 1940 für das Deutsche Reich militärisch und politisch äußerst fatalen Lage zu einem sofortigen Friedensbeschluß überreden wollen: Die Peinlichkeit dieser bekanntlich gescheiterten Fallschirmdiplomatie seines Stellvertreters versuchte Hitler dadurch abzuschwächen, daß er Heß für geistig verwirrt erklären ließ. Einer der Professoren des Nördlinger Gymnasiums zitierte alsbald meinem Vater gegenüber folgende Reime:

„Das Lied ist allgemein bekannt:
Wir fahren gegen Engeland.
Doch wenn dann wirklich einer fährt,
dann wird er für verrückt erklärt."

Die Briten maßen dem Unternehmen von Heß keinerlei Bedeutung bei. Aber wegen des von Hitler für den 22. Juni 1941 festgesetzten Angriffes auf die Sowjetunion kam die Besatzung Grießler Mitte Mai für zwei Wochen nach Greifswald. Der Schulbetrieb im plötzlich frontnahen Okeçie hätte nur gestört.

In der ersten Juniwoche landeten wir dann bei der Reserve- und Ersatzgruppe IV des Kampfgeschwaders 54 (abgekürzt: IV./KG 54). Ein Kampfgeschwader hatte die Aufgabe, mit Bomben und Bordwaffen feindliche Truppen und kriegswichtige Anlagen (Bahnhöfe, Brücken, Fabriken) zu bekämpfen. Unsere IV./KG 54 war seinerzeit in Lagerlechfeld südlich von Augsburg stationiert. Von dort aus übten wir über dem schwäbisch-bayerischen Raum mit einem für uns neuen Flugzeugtyp der Firma Junkers. Es handelte sich um das Horizontal- und Sturzkampfflugzeug Ju 88. Dies bedeutete, daß wir laufend Sturzflüge absolvierten. Vor jedem Sturz stellte Grießler die befohlene Abfanghöhe auf dem Kontakthöhenmesser ein. Er trimmte die Maschine kopflastig und fuhr die Sturzflugbremsen aus. Dann kippte die Ju 88 ab. Das empfand ich immer als spannend; denn alles, was nicht niet- und nagelfest war, flog in unserer Kabine nach oben. Kurz vor dem geplanten Ende des Sturzes ertönte ein Hupsignal; Grießler betätigte den Bombenknopf; die Sturzflugbremsen fuhren wieder ein; das Flettner-Ruder drückte die beweglichen Teile des Höhenleitwerkes nach oben; die Trimmung der Maschine ging auf die Normalstellung zurück. Gleichzeitig vervielfältigte sich unser Gewicht. Vor den Augen wurde es ganz kurz schwarz. Aber die Ju 88 flog horizontal weiter. Während der Dauer des Sturzes klopfte Hugo – so wie jeder vorsichtige Beobachter –

unseren Leutnant Grießler auf den rechten Oberschenkel. Aus den positiven Reaktionen Grießlers konnte Hugo ersehen, ob unser Pilot noch bei Bewußtsein war. Im Falle des Falles hätte der Beobachter mit einem Druck auf den Bombenknopf die Abfang-Automatik ausgelöst. Ich war stolz darauf, daß ich dem KG 54 angehörte; denn anders als die mit der He 111 fliegenden Geschwader konnten wir im Sturzflug angreifen. Außerdem liebte ich dieses Hinabfallen und Auffangen der Maschine mit einem anschließenden Tiefflug im Lechtal. Vor uns lagen die Ammergauer Alpen, im Osten die oberbayerischen Seen. Ich fühlte mich wohl zwischen Himmel und Erde.

Doch die Starts, die bereiteten mir und auch manchen anderen Sorge. Eine normale Maschine startet grundsätzlich gerade nach vorne. Die Besatzung Grießler dagegen brach nicht nur einmal nach Backbord aus. Dort, entlang der linken Seite der Startbahn, schaufelten Männer des Reichsarbeitsdienstes (RAD) Erde in einige Loren. Eben auf diese rasten wir eines Tages zu. Da ließen sich von den RAD-Leuten die einen auf den Boden fallen, andere liefen davon, wieder andere suchten hinter den Loren ihr Heil. Unsere Ju 88 aber wich nicht von ihrem Backbordkurs ab. Ich dachte: „Jetzt ist das Ende gekommen." Hugo schrie: „Knüppel ziehen." Der Pilot und Hugo zogen. Wir sprangen über Loren und RAD, sackten aber sofort wieder ab. Doch der ebene, mit Gras bewachsene Teil des Lechfelder Flugplatzes bot genügend Raum für einen zweiten und jetzt auch erfolgreichen Steigversuch.

Einen Tag später eilte ich in das unweit des Fliegerhorstes gelegene Kloster Lechfeld, um zu beichten und mich auf einen seligen Tod vorzubereiten. Hugo lachte mich aus, nicht boshaft, eher nachsichtig. Im Rückblick denke ich, daß meine Angst vor dem ewigen Tod für mich heilsam war. Sie hemmte auf jeden Fall etwas den mit jeder Jugend verbundenen Übermut. Meine immer wieder sich vordrängenden fliegerischen Hochgefühle bekamen einen zusätzlichen Dämpfer durch einen Techniker. Dieser „erste Wart", ein wackerer Schwabe, orakelte nämlich eines Tages meinem Freund Hugo und mir gegenüber: „Wänn a so wejita machat, dann goht des nimme lang guat."

Trotz dieser bedenklichen Diagnose landete die Besatzung Grießler tatenfroh und ohne erkennbare Depressionen am 19. Juli 1941 um 19.06 Uhr auf dem Feldflugplatz Dubno/Hranowka in Wolhynien, einem Gebiet in der Ukraine. Wir gehörten ab diesem Zeitpunkt nicht mehr einer Reserve- sondern einer Kampfgruppe an. Es handelte sich um die II. Gruppe des Kampfgeschwaders 54, abgekürzt II./KG 54. Während im Normalfall ein Geschwader aus drei einsatzbereiten Kampfgruppen und einer Ersatzgruppe bestand, verfügte das KG 54 bis zum 1. September 1942 lediglich über zwei einsatzfähige Kampfgruppen; nämlich die I./KG 54 und die II./KG 54. Zu dieser gehörten ab Juli 1942 auch wir, die Besatzung Grießler.

Vier Tage nach unserer Ankunft in Dubno starteten wir an einem sonnigen Tag zusammen mit acht anderen Maschinen, um Eisenbahnanlagen zu zerstören und sowjetische Truppenbewegungen südwestlich von Tscherkassy am Dnjepr zu behindern. Der ganze Feindflug erregte mich anfangs gar nicht. Als Bordfunker saß ich mit dem Rücken zur Flugrichtung. Direkt vor mir hatte ich die Funkgeräte, darüber zwei Maschinengewehre. Mein Blick ging nach hinten zum Leitwerk und darüber hinaus in den freien Luftraum. Ich konnte mitsamt meinem Sitz, der in einer Schiene lief, von Backbord nach Steuerbord und zurück gleiten. Dadurch war es möglich, einmal links, ein anderes Mal rechts an Leitwerk und Tragflächen vorbei die Landschaft zu betrachten und im Bedarfsfalle zu schießen. Ich fühlte mich so wohl wie Ikarus, der Sohn des Dädalus, bevor er in die Ägäis stürzte. Aber das war ja eine Sage.

Und ich? Ich genoß gerade den Blick auf den Dnjepr, als plötzlich ein sowjetischer Jäger vom Typ Polikarpow J-10, den wir Rata nannten, auftauchte. Jetzt wurde es ungemütlich. Ich schoß auf den Angreifer, allerdings ohne Erfolg. Aber auch der Sowjetmensch war kein Meisterschütze, obwohl er es mit allen Tricks versuchte. Bald flog er aus der Sonne heraus auf uns zu, bald versteckte er sich hinter unserem Seitenruder. Schließlich traf ich doch, freilich nicht die Polikarpow, sondern mein eigenes Leitwerk. Nach der Landung stellte dies der Oberwerkmeister aufgrund der Einschußlöcher fest. Mit einem Wort, das nicht druckreif ist, tat er mir seine Verachtung kund. Der Kommandeur der II./KG 54, Major Erhart Krafft von Delmensingen, ergänzte, daß Leutnant Grießler vom Verbandsflug keine Ahnung habe. Manchmal sei er, Grießler, so nahe an seine, des Majors, Maschine herangeflogen, daß eine Kollisionsgefahr bestand. Des öfteren habe unser Flugzeugführer nicht entsprechend aufgeschlossen. Sowohl der Gefreite Wittmer als auch der Leutnant Grießler seien ein Sicherheitsrisiko. Und wörtlich: „Vielleicht können Sie Kinderwagen schieben. Für das KG 54 sind Sie ungeeignet." Jetzt wußten wir es: Wir waren untauglich. Krafft von Delmensingen aber ordnete nach seiner deutlichen und durchaus berechtigten Rüge an, daß die ganze Besatzung, einschließlich der fehlerfreien Kameraden Hugo und Josef, am nächsten Tage bei allen Starts und Landungen als Zuschauer am Rollfeld stehen müsse. Also konnte jeder sehen, daß die Besatzung Grießler aus schwachen Anfängern, sozusagen aus Grünhörnern, bestand. Bei jeder an uns vorbei rollenden Ju 88 salutierte der Leutnant. Wir drei Gefreiten nahmen ebensooft Haltung an.

Meinem unbekümmerten Benehmen beim ersten Feindflug am 23. Juli 1941 entsprach das damals noch schwach ausgeprägte Bewußtsein, daß wir ab jetzt mit unseren Bomben sowjetische Soldaten töteten. Eigentlich arbeiteten die Bordfunker im Flugzeug nie offensiv, sondern nur defensiv. Keiner betätigte einen Bombenabwurfknopf, jeder trug durch die Vermittlung von Peilungen und durch die Abwehr gegnerischer Jagdangriffe zur Flugsicherheit bei. Wer allerdings deswegen die Funker als brave, die Piloten, Beobachter und Bordschützen als böse Soldaten ansehen wollte, würde die Realität deutlich verkennen. Über die Art der Funktion entschied weithin der Zufall. Mein Religionslehrer am Augsburger Gymnasium hatte mich noch im Frühjahr 1939 durchaus wohlwollend mit dem Epitheton „dumma Bua" versehen. Ich denke, daß man ganz im Sinne des Erasmus von Rotterdam seinerzeit alle meine Freunde als „Toren" hätte bezeichnen können. Und ausgerechnet wir flogen „gegen den Feind"! Uns eignete eben wie allen in sich selbst versponnenen und geistig partiell blinden jungen Leuten eine gehörige Portion Gedankenlosigkeit. Aber es gibt einen Trost: Erasmus von

Rotterdam versichert seinen Lesern in dem Buch mit dem Titel „Lob der Torheit", daß ohne eine gewisse Verblendung niemand glücklich sei. Recht hat er gehabt!

Ab dem zweiten Feindflug der Besatzung Grießler entfiel jeglicher Anlaß für irgendwelche Beanstandungen. Wir bekämpften laufend Truppenansammlungen und Transportzüge zwischen Uman, Snamenka und Tscherkassy in der Ukraine. Einerseits hatte sich Leutnant Grießler jetzt an den Verbandsflug gewöhnt; andererseits empfand ich mich nicht mehr als Fluggast, sondern als Krieger, der scharf nach sowjetischen Jägern auszuspähen hatte. Ich machte jetzt klare Positionsangaben über anfliegende Polikarpow-Ratas, so daß unser Pilot beim Fliegen außerhalb eines Staffelverbandes – das waren neun Maschinen – die sowjetischen Jäger entsprechend austricksen konnte. Aber es gab neue Komplikationen.

Hugo erklärte nämlich am 26. Juli, bei dem „Herumgekurve" könne er nicht navigieren. Ich löste das Problem, indem ich ein „qdm" von Dubno erbat. Der dortige Peilfunker bot mit der Feststellung des Kurses, den wir fliegen sollten, eine verläßliche Ausgangsbasis für die Positionsbestimmung. Diese war möglich, weil Hugo sowohl unsere Flugzeit als auch unsere durchschnittliche Geschwindigkeit kannte. Der Bodenfunker von Dubno arbeitete rasch und reibungslos. Ich morste zum Beispiel: „B3-GP qdm?" Das bedeutete im Klartext: „Das Flugzeug mit dem Kennzeichen B3-GP bittet um die Angabe des Kurses, den es einhalten muß, um nach Dubno zu gelangen." Die Bodenstation erwiderte: „B3-GP k." „K" hieß „kommen, Morsezeichen senden." Ich funkte darauf: „di daaa di daaa B3-GP di daaa di daaa di daaa di daaa B3-GP." Der Peiler, der inzwischen aufgrund meiner Punkte („di") und Striche („daaa") mit Hilfe seines kreisförmigen und drehbaren Antennenrahmens die Richtung unserer Maschine festgestellt hatte, übermittelte mir eine Zahl, beispielsweise „282". Die Besatzung Grießler sollte also mit einem Kurs von 282 Grad fliegen. Nach einigen Minuten wiederholte ich meine Anfrage in Kurzform: „GP qdm?" Darauf die Bodenstation: „k". Ich: „di daaa di daaa GP di daaa." Der Peiler jetzt: „287" oder noch kürzer: „7", weil sich weder die

Zehner- noch die Hunderterstelle geändert hatte. Derartige Kurskontrollen empfahlen sich auch später bei starkem Seitenwind oder bei schlechter Sicht. Immer dann, wenn Hugo unseren Kurs eindeutig festgestellt hatte, unterblieb weiterer Funkverkehr.

Im Zuge des Vormarsches der deutschen Truppen verlegte die II./KG 54 im August 1941 zunächst nach Berditschew, dann nach Schitomir und schließlich – ab September – nach Kirowograd. Die Angriffsziele unserer Ju 88 waren immer Flugplätze, Züge, Panzer oder Bahnhöfe zwischen Tschernigow an der Desna im Norden und Saporoschje im Süden. Ein Techniker erklärte mir eines Tages, daß die Rote Armee die Explosionshöhe der Geschosse ihrer Flugabwehrkanonen (Flak) nicht gleichmäßig, sondern nur diskontinuierlich von einer Rasterkerbe zur anderen einstellen könne. Jetzt glaubte ich zu wissen, warum die sowjetischen Kanoniere uns nicht trafen. Es war grotesk: Wenn der erste Schuß der Russen nicht saß, hatte man 1941 die Chance, während des Angriffes von der Flak unbehelligt zu bleiben. Obwohl die deutsche Luftwaffe 1941 ganz offensichtlich den Himmel über der Ukraine beherrschte, lauerten auf uns Gefahren. Am 13. September 1941 griff die 6. Staffel in enger Formation bei Lubny westlich von Poltawa Feldstellungen in einem Neigungswinkel von 50° an. Dabei sollten die mit Pfeifen ausgestatteten Bomben den sowjetischen Soldaten Furcht einflößen. Aber bei diesem ganz auf einzelne Kanonen und Panzer ausgerichteten Sturzangriff stießen zwei unserer Maschinen zusammen. Acht Angehörige der II./KG 54 fanden dabei den Tod.

Wieder andere Probleme ergaben sich bei tief hängenden Wolken. Diese wirkten einerseits für uns wie eine vor feindlichen Jägern schützende Tarnkappe; andererseits mußte in der Nähe des Zieles in einer lebensgefährlichen Weise die dunkle Wolkenschicht von oben durchstoßen werden. Am 27. Juli bekam eine Ju 88 des KG 54 beim vermutlich zu wenig vorsichtigen Sinkflug Bodenberührung. Alle vier Mitglieder der Besatzung des Leutnants Scherer fanden dabei den Tod. Wir sollten am selben Tag mit der Ju 88 B3-GP die Gleisanlagen des Bahnhofes Snamenka und eine eventuell in der Nähe fahrende Lokomotive zerstören. Unser stets umsichtiger Beobachter

Hugo ließ sich zunächst – noch über den Wolken – von mir ein qdr verschaffen. Das qdr zeigte – anders als das qdm – die Richtung einer Maschine vom Peiler aus an. Qdm und qdr differierten stets um 180°. Hugo errechnete aus der Flugzeit, der Fluggeschwindigkeit und dem qdr unsere Position. Außerdem las er die Flughöhe an dem vor ihm angebrachten und entsprechend dem im Zielgebiet herrschenden Luftdruck eingestellten Höhenmesser ab. Wir bewegten uns am 27. Juli über der oberen Wolkendecke in etwa 1000 m. Grießler fragte: „Durchstoßen? Jetzt?" Hugo: „Ja; Kurs beibehalten." Da tauchten wir, noch geblendet von der Sonne, in den dunklen Nebel ein. Hugo: „Höhe 600 m, 400 m, 300 m". Grießler: „Wir fliegen zu weit nach Osten." Hugo: „Nein; langsam drücken; noch mehr; Höhe 200 m." Wir bewegten uns durch Wolkenfetzen. Hugo: „Links von uns sehe ich Geleise." Grießler: „Das Gelände ist hügelig." Hugo: „Hier gibt es keine Tunnels. Wenn wir an der Bahnstrecke entlang fliegen, passiert nichts. Diese Linie führt nach Snamenka." Wir fanden das Ziel. Einige Bahnbedienstete sprangen weg und legten sich auf den Boden. Dann warfen wir – wie es ein Schwabe einmal ausdrückte – „vor dem Bahnhof a Bömble und hinta dem Bahnhof au a Bömble", wobei wir die Weichen zerstörten. Außerdem zerschoß Hugo mit der Bugkanone den Dampfkessel einer Lokomotive. Mit den restlichen zwei Bomben brachten wir einige Waggons in eine Schieflage.

Josef begann beim Rückflug von Snamenka, noch unter den Wolken, plötzlich an, auf Kühe zu schießen. Das ging zu weit. Leutnant Grießler rief: „Hören Sie sofort auf, Barth!" Hugo beugte sich hinab zu unserem Bordschützen und stellte fest: „Du spinnst." Glücklich über unseren ersten selbständigen Blindflug kehrten wir über den von der Sonne angestrahlten schneeweißen Wolken zu unserem Einsatzort zurück. In der Morsesprache hieß ein derartiger Over-the-top-flight „qbg". Alle Funker der deutschen Luftwaffe entschlüsselten das b mit „bei" und das g mit „Gott". Die mnemotechnisch eingängige Dechiffrierung von qbg mit „ich fliege bei Gott" konnte die Gedanken auf das christliche „Sursum corda" (Empor die Herzen, hin zu Gott) lenken. Die physische Höhe wird nicht selten als Voraussetzung der psychischen Höhe gesehen. Gott hat sich auf Bergen geoffenbart. Neben dem Erhabenen stand die Untat, das mutwillige Schießen auf Tiere. Kein Mensch hielt Josef für vorsätzlich böse. Er handelte subjektiv unüberlegt, objektiv – vorsichtig ausgedrückt – barbarisch. Vielleicht kann man es so erklären: Josef sah die Aktivitäten des Flugzeugführers, des Beobachters und des Funkers. Da wollte auch er einmal tätig sein. Doch über die Tragweite seines schrecklichen Tuns war sich Josef nicht im klaren.

Am nächsten Tag gingen Hugo und ich in einem nahe beim Flugplatz Dubno gelegenen Wäldchen spazieren. Unsere Gespräche kreisten um den Krieg gegen die Sowjetunion. War er notwendig? Konnte er gewonnen werden? Beide glaubten wir dem Schriftsteller Hans Grimm, daß die Deutschen ein „Volk ohne Raum" seien. Beide waren wir davon überzeugt, daß man den Bolschewismus bekämpfen müsse. Beide hofften wir, daß die Sowjetunion zusammenbrechen werde. Beide erwarteten wir eine Eingliederung von Teilen des Baltikums in das Deutsche Reich. Wir merkten nicht, daß Hitler sowohl mit dem Schlagwort vom „Volk ohne Raum" als auch mit der Furcht vor dem Bolschewismus einen Imperialismus zu rechtfertigen suchte, den er zusätzlich mit dem aus dem 19. Jahrhundert stammenden Begriff „Großdeutschland" verschleierte. Dem Diktator ging es aber nicht wie den liberalen Patrioten des Jahres 1848 um die Einheit deutsch empfindender Menschen in einem freien Vaterland, zu dem auch das seinerzeit problematische Österreich gehören sollte.

Davon, daß im Jahre 1941 viele Deutsche mit dem Virus des Mehrhabenwollens infiziert waren, wußten wir beide seinerzeit nichts. Aber ganz unabhängig von der kollektiven Blindheit der Mehrheit der Deutschen und unabhängig von der defizitären politischen Moral der Nationalsozialisten flogen wir, die Kameraden der II./KG 54, gerne. Wir befanden uns im Alter von 20 Jahren in der heroischen Phase unseres Lebens und wollten, ehrgeizig wie wir waren, mit Orden und Ehrenzeichen nach Hause kommen. Wir hatten keine Ahnung von dem besonnenen Perser Artabanos, der dem Großkönig Xerxes ungefähr 2430 Jahre vor Hitler vergeblich von einem Angriff auf das griechische Mutterland abgeraten hatte. Artabanos erklärte damals, daß Gott mit seinem Blitz die Hochmütigen töte. Außerdem gab er zu bedenken, daß sich jedes Land bei der Eroberung umso mehr als Feind erweise, je weiter man vordringe.

Nicht einmal Hugo sollte wissen, daß ich ab dem dritten Feindflug vor jedem Angriff in der Ju 88 für die Opfer unserer Bomben betete. Mein Weltbild entsprach dem der Divina Commedia Dantes. Der Wunsch, den ich an die heilige Dreifaltigkeit richtete, hieß: „Wenn schon ein Mensch in der nächsten Viertelstunde sterben muß, dann sende ihm, lieber Gott, jetzt einen Schutzengel, der ihn seine Sünden bereuen läßt, so daß er nicht dem Inferno (der Hölle) verfällt." Vielleicht – so betete ich weiter – könne der Sterbende sogar ins Paradiso (den Himmel) gelangen. Für mich selbst erbat ich im Falle des Falles einen Platz im Purgatorio (dem Fegefeuer). Für das himmlische Paradies hielt ich mich in Anbetracht meiner Sünden trotz aller Bereitschaft zu Reue und Besserung für noch nicht geeignet. Überdies fehlte mir damals eine Beatrice. Aber nicht nur die Religion mit ihrer Perspektive zum Ewigen hin konnte trotz der unmenschlichen Situation humanisierend wirken.

Auch das Gespräch verband. Hugo und ich redeten oft mit Ukrainern und gefangenen Rotarmisten. Da bemerkten wir schnell, daß wir es nicht mit „bösen" Bolschewisten zu tun hatten. Später wußte ich, daß diese Menschen unter ihren Kommissaren im System des kommunistischen Sozialismus ähnlich unfrei waren wie die Deutschen unter ihren Reichs-, Kreis- und Ortsgruppenleitern im System des deutschnationalen Sozialismus. Wenn uns im Jahre 1941 jemand gesagt hätte, daß wir im Raum Dubno – Berditschew genau über dem Gebiet der jüdischen Chassidim des 18. Jahrhunderts fliegen, wären wir dieser Mitteilung sicher verständnislos gegenüber gestanden. Aber auch bei einer fachkundigen Erklärung hätte mir seinerzeit der Sinn für das schlichte religiöse Gefühl des edlen Baalschem gefehlt.

Während unseres Einsatzes vom Flugplatz Berditschew aus zelteten wir in einem Wäldchen mit vielen Birken. Diese teils alten und hohen, teils schlanken und jungen, selten gerade stehenden Bäume erfreuten mit ihren weißen, moosig-grün und schwarz gesprenkelten Rinden das Auge. Immer wenn bei Sonnenlicht ein leichter Wind wehte, kam Leben in die oft recht traurig-mattgrünen, aber stets zarten Blätter.

> „Birke, du schwankende, schlanke,
> wiegend am blaßgrünen Hag,
> lieblicher Gottesgedanke
> vom dritten Schöpfungstag."

So besang Börries von Münchhausen (1874–1945) diese freundlichen Bäume. Einige Birken standen dicht beisammen wie eine Familie. Andere verschmähten hagestolzartig das Nebeneinander. Die Größe des Berditschewer Birkenhaines gestattete einen Rückzug auf Zeit aus Unruhe und Ärger. Oft saß ich, frei und feiertäglich gestimmt, ganz allein auf einem Baumstumpf. Aber ich suchte auch die Gemeinschaft. Bei trockenem Wetter legte der jeweilige Unteroffizier vom Dienst (UvD) auf einem zwischen den Zelten unter den Bäumen stehenden altmodischen Grammophon Platten auf, die allen gefielen, beispielsweise: „J'attendrai le jour et la nuit, j'attendrai toujours ton retour" oder „Am Abend auf der Heide, da küßten wir uns beide" oder „Auf der grünen Wiese" oder „Das blonde Käthchen" oder „Ja, ja, der Peter, das Küssen, das versteht er" oder „Roter Mohn, warum welkst du denn schon?" oder „Kann denn Liebe Sünde sein, wenn man sich küßt, wenn man einmal alles vergißt?" Waren alle Stücke durchgespielt, dann begann ein ordentlicher UvD wieder von vorne. Weil die 6. Staffel fast nur über ordentliche diensttuende Unteroffiziere verfügte, wußte jeder Kamerad am Abend, daß das Küssen keine Sünde ist. Die ganze Stimmung war fast paradiesisch heiter.

Daß ich neben den Schlagern deutsche Gedichte und auch die Apologie des Sokrates las, empfand ich nicht als Widerspruch. Ein fescher Bilderbuchleutnant der II./KG 54 war doch tatsächlich mit seinem Hund in den Krieg gezogen. Der schwarze schottische Terrier konnte als eine Art Maskottchen gelten. Der kleine, liebe

Kerl nahm auch an Feindflügen teil. Sobald der Kommandeur der II. Gruppe erfuhr, daß ein Hund bereits zweimal bei Angriffen auf sowjetische Panzer an Bord einer Ju 88 mit von der Partie gewesen war, wurden wir belehrt, daß es verboten sei, zusätzliche Passagiere mit gegen den Feind fliegen zu lassen. Eines Tages kehrte die inkriminierte Besatzung von ihrem Einsatz nicht zurück. Der Hund aber überlebte und belebte die II./KG 54 bis zu unserer Verlegung nach Landsberg am Lech. Dort erhielt er ein neues „Herrchen".

Die cylindrischen 250 kg schweren Sprengbomben wurden in Kisten von ungefähr 50 × 50 × 150 cm geliefert. Aus deren Boden sägten unsere Flugzeugwarte je zwei runde Holzstücke heraus. Wir, die Gefreiten der 6. Staffel, hoben gleichzeitig einen circa drei Meter langen und etwa 40 cm breiten Graben aus, über den zwei Bombenkisten mit den Böden nach oben gestülpt wurden. So einfach entstand unsere jeweilige Kollektivlatrine mit vier offenen Sitzplätzen und vier Deckeln, ein Ort der Ruhe und des Austausches von Neuigkeiten.

In Kirowograd, wo die II./KG 54 ab dem 30. August 1941 lag, gab es keine Idylle im Stil von Berditschew. Kirowograd präsentierte sich mir als ausgesprochen unfreundlich. Es regnete viel. In den Zelten wurde es abscheulich kalt. Ratten und Mäuse sprangen über uns hinweg. Es fehlte eine Bademöglichkeit. Unsere Leibwäsche befand sich in einem entsetzlichen Zustand. Wir flogen immer wieder Einsätze auf Bahnanlagen, Transportzüge und Lkw-Kolonnen innerhalb eines von Krasnograd, Woronesch und Millerowo gebildeten Städtedreiecks. Nach der Bombardierung eines Tankzuges bei Ostrogoschsk im Oktober 1941 wollte Hugo ein qdm von Kirowograd haben. Aber der dortige Peiler antwortete nicht. Es dunkelte bereits. Leutnant Grießler verwies auf unseren begrenzten Benzinvorrat. Irrflüge über der nächtlichen Ukraine könnten wir uns nicht leisten. Ich verfluchte den Don und den Donez und den Dnjepr. Trotzdem mußte ich mir sofort etwas einfallen lassen. Ich konnte doch nicht sagen: „Herr Leutnant, ich kann nicht funken." Außerdem hatte ich wenig Lust, bei dem ungemütlichen Herbstwetter des Jahres 1941 wegen Spritmangels das relativ warme Flugzeug zu verlassen und mit dem Fallschirm in der Dunkelheit nach unten zu schweben. Da kam mir der Gedanke, die Peiler in der Nachbarschaft um ein qdr zu ersuchen. Also ging ich zunächst auf die Frequenz des uns vertrauten Berditschew. Ich morste „B3-XP erbittet qdr". Kaum hatte der dortige Peiler positiv reagiert, da wandte ich mich an den Kollegen von Dnjepropetrowsk. Auch von ihm bekam ich ein qdr. Hugo konnte wieder navigieren. Er zeichnete die Geraden „Berditschew-Maschine B3-XP" und „Dnjepropetrowsk-Maschine B3-XP" in seine Karte ein. Von deren Schnittpunkt ausgehend, bezog er die Zeitdifferenzen zwischen den Peilungen und dem Ende seiner Rechenoperation in die Standortbestimmung ein. Jetzt konnte Hugo den neuen Kurs festlegen. 15 Minuten später meldete ich mich beim plötzlich wieder aktiven Peiler von Kirowograd an. Der veranlaßte die Beleuchtung des Platzes. Nach weiteren fünf Minuten landete Grießler in unserem „Heimathafen". Der ganze Feindflug hatte viereinhalb Stunden gedauert.

Die Verluste der II./KG 54 seit dem Beginn des Krieges gegen die Sowjetunion konnten nicht mehr übersehen werden. Innerhalb von vier Monaten hatten die drei Staffeln der II. Gruppe 78 Kameraden verloren. 39 Männer waren gefallen, 37 vermißt, zwei in Gefangenschaft geraten. Parallel dazu hatte dieselbe II. Gruppe 24 Maschinen total verloren. Neun Ju 88 waren schwer beschädigt worden. In dieser Lage sollten wir personell und technisch wieder auf eine Sollstärke von 28 Maschinen und 112 Mann fliegendes Personal gebracht werden. Als Ort der Nachrüstung wurde Landsberg am Lech bestimmt. Dorthin startete die entgegen allen Prognosen immer noch unter den Lebenden weilende Besatzung Grießler am 18. Oktober 1941 um 14.12 Uhr. Im Januar 1942 sollten wir nach Sizilien verlegt werden. Niemand von uns weinte der Sowjetunion im allgemeinen und dem Flugplatz Kirowograd im besonderen eine Träne nach.

Alle fuhren wir im November 1941 in den Urlaub. Mein Vater hatte an der Wohnungstüre ein mit Eichenlaub geschmücktes ovales Schild angebracht, auf dem „Willkommen" stand. Meine Eltern und meine Tante Berta servierten zum Einstand Hackbraten mit Kartoffeln und Gemüse. Ich glaube, es war ein Wirsing. Mein Vater hatte auch Eier und Schinken bei Bauern im Tausch gegen Wäsche, Schuhe und Bilder beschafft. Weil die Nationalsozialisten durch die willkürliche Vermehrung von Geldscheinen und Münzen die deutsche Währung entwertet hatten, entwickelte sich eine Naturalwirtschaft, die man „Hamstern" nannte. Ein paar Tage nach meinem 21. Geburtstag im September war ich mit dem EK I ausgezeichnet worden. Mit diesem Eisernen Kreuz, dem silberig glänzenden Bordfunkerabzeichen und der bronzenen Frontflugspange dekoriert, spazierte ich trotz der unfreundlichen Witterung ohne Mantel an der Seite meines Vaters durch Nördlingen. Jeder sollte meine Orden sehen. Nach dem Besuch des Gottesdienstes in der Salvatorkirche beantwortete ich bereitwillig manche banale Frage von Bekannten. „Send S'au wieda dahoim? Wia goht's nachad in Rußland? Miar herat's ja im Radio, was ar alles g'leistat hend. Is dia Fliagarai net recht g'fäalich?". An meinen Vater gewandt, stellte eine Frau Jaumann fest: „Da kennat S' stolz sai auf Ihr'n Sooh, Herr Professa. Den kenn i no als klois Biable." Mein Vater lachte.

Innerhalb des nationalsozialistischen Systems glaubte ich mittlerweile eine recht passable Position erreicht zu haben. Unsere Bekannten respektierten mich als tapferen Frontsoldaten, dem – so hoffte ich – nach dem Kriegsende noch mehr Ansehen bei einer eventuellen späteren Auseinandersetzung mit den antichristlichen Nationalsozialisten zuwachsen würde. Daß derartige Analogieschlüsse von der höflichen, aber vielleicht auch unehrlichen Bewunderung einiger Leute im Jahre 1941 in einer Kleinstadt auf eine allgemeine Anerkennung nach einem unbestimmten Kriegsende unrealistisch waren, wußte ich mit meinen 21 Jahren noch nicht. Der Bordfunker Siegfried Wittmer war ein kompliziertes, mit Schulwissen und Geltungsdrang ausgestattetes Wesen zwischen sic et non, zwischen ja und nein: Ja zum Fliegen, zu den Kameraden des KG 54, zur Heimat, zur Kirche; nein zu Hitler. Daß ich gegen Hitler stets immun blieb, verdankte ich immer wieder katholischen Priestern. Sie korrigierten taktvoll meine für Adoleszente typische Blindheit und geleiteten mich wie Peiler Gottes durch den Nebel des Nationalsozialismus.

Im Herbst 1941 verschlechterte sich die Lage des Deutschen Reiches in vierfacher Hinsicht:

1) In der Zeit vom 18. September bis Ende November hatten die Italiener 22 Transport- und Tankschiffe im Mittelmeer verloren. General Erwin Rommel stand mit seinem Afrikakorps zwar an der ägyptischen Grenze, aber es fehlte ihm der dringend benötigte Nachschub; denn von Malta aus, das weder die Italiener noch die Deutschen erobern konnten, operierten die britischen See- und Luftstreitkräfte recht hartnäckig und nicht ohne Erfolg.

2) Am 4. November hatte der Reichsminister der Finanzen angekündigt, daß Juden, die nicht in volkswirtschaftlich wichtigen Betrieben beschäftigt seien, in den nächsten Monaten in eine Stadt in den Ostgebieten abgeschoben würden. Das Vermögen der Abzuschiebenden sei zugunsten des Deutschen Reiches einzuziehen. Mit diesem Brief wurde in verschlüsselter Form der bereits vor 1938 begonnene Raub am Eigentum der Israeliten um den planmäßigen Massenmord erweitert. Von diesem Verbrechen an den Juden erfuhr zwar das KG 54 nichts; aber die Welt außerhalb des Einflußbereiches Hitlers wurde im Laufe der Zeit immer deutlicher über den Holocaust informiert. Damit verlor das nationalsozialistische Reich den letzten Rest an Sympathie.

3) Ab Mitte November 1941 setzte im russisch-ukrainischen Raum der Winter so frühzeitig und mit so eisigen Temperaturen ein, daß die deutsche Armee im Schlamm und im Schnee stecken blieb. Vor Moskau mußte sie sich sogar zurückziehen. Auch die Motoren der Ju 88 streikten. Am 13. November konnte die I./KG 54 in Dnjepropetrowsk infolge der Kälte nicht starten.

4) Das Deutsche Reich befand sich seit dem 11. Dezember im Krieg mit den USA.

Auf jeden Fall trotzten Malta und Moskau, die Rote Armee und die Royal Navy zusammen mit der Airforce dem Tyrannen. Die deutsche Luftwaffe war 1939 bei Kriegsbeginn mit rund 4000 Kampf-, Jagd- und Transportflugzeugen die größte der Welt gewesen. Jetzt hätte sie in Anbetracht der Räume und der Zahl der Feinde über wesentlich mehr Maschinen verfügen müssen. Da ließ der Reichsmarschall – die Rede ist von Hermann Göring – das KG 54 sowohl im Osten als auch im Süden gegen den „Feind" fliegen; allerdings nur das halbe Geschwader. Diese Teilung des KG 54 im Dezember 1941 in eine erste Siziliengruppe und eine zweite Rußlandgruppe spiegelte im kleinen das Fiasko Hitlers im großen wider. Wie recht hatte doch der bereits zitierte Perser im 5. Jahrhundert vor Christi Geburt gehabt. Der Übermütige, der sich an keine Gebote und Grenzen halte, werde von Gott erschlagen, ließ Herodot den Artabanos Xerxes gegenüber äußern. Außerdem wachse der Widerstand mit jeder Quadratmeile eroberten Bodens.

Noch vor Weihnachten 1941 brach die I./KG 54 nach einer vierwöchigen Auffrischung am Fliegerhorst Memmingen in Richtung Sizilien auf. Ihr neuer Standort hieß Gerbini. Die II./KG 54 verließ erst nach einem Aufenthalt von fast zweieinhalb Monaten, vermehrt um junge Besatzungen und ausgestattet mit technisch verbesserten Typen der Ju 88, das schöne Landsberg am Lech.

Den relativ langen Aufenthalt in Landsberg nutzte ich nicht nur zu einem zweiten Urlaub in Nördlingen, sondern auch zu Ausflügen nach München, Augsburg und Marktoberdorf. Dort besuchte ich das Grab meiner Groß- und Urgroßeltern mütterlicherseits. In Landsberg lernte ich eine Juliane kennen, mit der ich diesseits und jenseits des Lechs spazieren ging. Des öfteren führte ich sie auch in ein Café. Das Mädchen glich wohl eher der frischen, schlanken und herben Artemis, nicht der weichen und männerbetörenden Aphrodite. Aber auch ich erwies mich als gehemmt und kompliziert. Ich erblickte in Juliane eine Art höheres Wesen, was sie gar nicht sein konnte. Für das Nahe und Natürliche war ich noch blind. Damit blieb mein Ausflug ins Reich der Liebe eine Episode. Allein stieg ich hinauf zur Jesuitenkirche, die mit ihren Fresken dem willigen Beter verdeutlicht: Dein Leben ist über weite Strecken hinweg ein Kreuzweg, an dessen Ende der Sieg steht. „In hoc vince" – In diesem (Zeichen) sollst du siegen – so las ich es über dem Chorraum. Die Christmette 1941 besuchte ich in der Pfarrkirche Mariae Himmelfahrt. Die

Mutter Gottes würde mich – darauf vertraute ich fest – aus dem Chaos der Triebe in mir und aus dem Chaos des Krieges um mich herum unbeschädigt herausführen. Das Kreuz verehrte ich wie einen zauberkräftigen Talisman. Mein Glaube von Landsberg im Jahre 1941 entwickelte sich später allerdings weiter bis zur Bereitschaft, auf der via dolorosa (dem Kreuzweg) meines Lebens zu gehen.

Unmittelbar nach den Weihnachtsfeiertagen fuhr die Besatzung Grießler mit dem Zug nach Berlin. Ein paar Tage durchquerte ich zu Fuß und mit der U-Bahn die Stadt. Am Dreikönigstag 1942 flogen wir vom Flugplatz Schönefeld über Jüterbog mit der Ju 88 NI-FQ zum Fliegerhorst Neuhausen, der in der Nähe von Königsberg in Ostpreußen lag. Dort standen für uns Maschinen bereit, deren Unterseiten – wie bei der Luftwaffe üblich – hellblau und deren Oberseiten im Winter schmutzigweiß gefärbt waren. Dieser Tarnanstrich erwies sich seinerzeit als zweckmäßig. Ein Gegner, der von unten nach oben blickte, konnte uns je nach Entfernung wegen des atmosphärisch getönten Blaus nicht deutlich genug erkennen. Umgekehrt sollten sich die am Rollfeld stehenden, oben weißlich gestrichenen Ju 88 nicht allzu sehr vom Schnee abheben.

Jede unserer Maschinen trug ab dem Beginn des Rußlandkrieges auf jeder Seite der Flugzeugkanzel ein Totenkopfwappen. Immer wenn eine Besatzung an Bord war, konnte man den linken Totenkopf genau unter dem Kopf des jeweiligen Flugzeugführers, den rechten Totenkopf unter dem Kopf des Beobachters erblicken. Keiner der mir bekannten Kameraden nahm an diesem Symbol menschlicher Hinfälligkeit Anstoß. Jede Besatzung, die neu zum KG 54 versetzt wurde, sah den Totenkopf. Er gehörte einfach dazu. Auf meine Frage hin hatte sich Leutnant Grießler nach der Herkunft und dem Sinn unseres Geschwaderabzeichens erkundigt. Schließlich berichtete er, daß man an den Geist der Braunschweiger Husaren von 1813 anknüpfen wolle. Diese hätten den Totenkopf an ihrer Mütze getragen. Hugo ergänzte, wir seien so verwegen, daß uns auch der Tod nicht schrecken könne. Seltsamerweise empfand ich – ähnlich wie Hugo – einen gewissen Stolz, einem Geschwader mit einem derartigen Emblem anzugehören. Im Widerspruch zu diesem durch das Bild des Totenkopfes ausgelösten Hochgefühl glaubte ich daneben fest den Tröstungen des 91. Psalmes. Daraus hatte uns der Religionslehrer zitiert: Gott werde jedem, der ihm vertraue, Engel senden, um ihn zu behüten auf allen seinen Wegen, auch wenn Tausende an seiner Seite fielen. Erst lange Zeit nach dem Krieg sah ich eines der Selbstportraits des im ostpreußischen Tapiau am Pregel geborenen Impressionisten Lovis Corinth. Neben dem Brustbild des kräftigen und schnauzbärtigen Künstlers erblickt der Beschauer die obere Hälfte eines Skelettes, also auch einen Totenkopf. Offensichtlich hatte Corinth kundtun wollen: „Das ist meine Zukunft." Beim Betrachten dieses Gemäldes erinnerte ich mich wegen des grotesken Nebeneinanders vom Kopf eines Toten und eines Lebenden an die Maschinen des KG 54, bei denen die Häupter von Besatzungsmitgliedern genau über dem knochigen Schädelwappen auftauchten. Aber so grundsätzlich wie der 60jährige Lovis Corinth dachte ich mit meinen 21 Jahren trotz der bei allen Feindflügen unmittelbaren Lebensgefahr nicht an den Tod.

Mein „Memento mori" (denke daran, daß du einmal sterben wirst) bestand lediglich darin, daß ich bei jedem Fronteinsatz meine Sünden bereute und ab und zu beichtete. Im Diesseits wollte ich ein angesehener Held, im Jenseits ein Anwärter auf einen Platz im Himmel sein. Als Zeugen dafür, daß sich viele Menschen zwischen massiver Selbstsucht und moralischer Strenge bewegen, können sowohl der Apostel Paulus mit seinem Römerbrief als auch der Dichter Ovid gelten. Während jener feststellte, daß ihm das Böse näher liege als das Gute, präzisierte dieser in den Metamorphosen VII, 20 f.: Video meliora proboque; deteriora sequor (Ich sehe und lobe das Beß're; doch folg' ich dem Schlechteren oft).

Von unserem Fliegerhorst Neuhausen aus fuhren wir mehrmals mit einer kräftig schnaubenden und Funken versprühenden Bimmelbahn nach Königsberg. Dieses gemütliche Verkehrsmittel wurde allgemein nach dem Propheten Elias, der im 9. Jahrhundert vor Christi Geburt mit einem feurigen Wagen in den Himmel gefahren sein soll, „der rasende Elias" genannt. In meiner Erinnerung spielt der Dienstbetrieb während der Aufenthalte in Landsberg und in Neuhausen überhaupt keine Rolle. Ich nehme an, daß wir über Motoren, neue Funktechniken, Waffen und Flugzeugtypen informiert wurden. Vielleicht übten wir auch an einem Schießstand. Sicher haben wir irgendwo einmal pelzgefütterte Fliegerkombinationen empfangen. Ich weiß, daß ich in Neuhausen anfing, Schriften des in Königsberg geborenen Kant und des aus Danzig stammenden Schopenhauer zu lesen. Trotz meiner Bildungsbeflissenheit verstand ich 1942 die Anliegen dieser großartigen Philosophen noch nicht. Also wandte ich mich dem Buch des in Pursruck (Landkreis Amberg-Sulzbach) geborenen Karl Adam über das Wesen des Katholizismus und außerdem einer Philosophiegeschichte zu. Wer zum fliegenden Personal der Luftwaffe gehörte, konnte zusätzlich zu seinem Fliegersack leicht mit einer Mappe voll von Büchern und anderen nicht unbedingt wehrmachtnahen Dingen durch den Krieg kommen. In einer Ju 88 fand so manches Platz, was manche Vorgesetzte besser nicht wußten.

Schließlich startete die Besatzung Grießler zusammen mit Unteroffizier Blume, der die Ju 88 sofort nach der Landung technisch betreuen sollte, am 17. Januar 1942 um 13.50 Uhr mit dem Ziel Orscha-Süd am Dnjepr in Weißrußland. Der dortige Flugplatz lag zentral zwischen dem Ilmensee im Norden, Moskau im Osten und Kiew im Süden. Schon der Flug mit einem fünften Mann in der nicht eben weiträumigen Kanzel der Ju 88 machte uns klar, daß ab jetzt das Gesetz des Improvisierens und des Organisierens galt. Nach der Ankunft in Orscha suchte Unteroffizier Blume in einer der Flugzeughallen einen Stellplatz für unsere Ju 88 mit dem Kennzeichen B3-BP. Vergebens; denn alles war belegt. Deshalb parkte Blume die Maschine trotz der eisigen Kälte im Freien. Als Bub hatte ich vom wilden Westen in Nordamerika geträumt. Jetzt stand ich in dem für uns am Dnjepr beginnenden wilden Osten und wartete bei unerfreulichen Minusgraden eine halbe Stunde lang geduldig im Freien auf eine Unterkunft. Leutnant Grießler recherchierte, kehrte aber nicht zurück. Josef stellte fest, er friere „wiar a nackata Schulmeista". Obwohl weder Hugo noch ich bis 1942 jemals über die Empfindungen eines unbekleideten Pädagogen nachgedacht hatten, widersprachen wir unserem Schützen nicht. Angespornt durch den drastischen Vergleich Josefs, machten wir uns ohne Flugzeugführer auf Herbergssuche.

Im ersten Obergeschoß eines Hauses der sowjetischen Luftwaffe wurden wir fündig. Mit Zustimmung des ähnlich wie wir durch das Gelände irrenden Staffelkapitäns requirierten wir einen knapp 20 m^2 großen Raum mit vier dreistöckigen Bettenreihen. Dieses Zimmer bevölkerte sich nach und nach mit den verschiedensten Kameraden, unter ihnen Ludwig Fuchs, Adolf Knirsch, Reinhold Autenrieth, Oskar Zotz und Willi Weinmann. Insgesamt hausten wir zu zwölft in dieser Bude. In ihr gab es nur zwei Fenster, die man jedoch nicht öffnen konnte; denn alle Fugen und Scharniere waren von unseren anonymen Vorgängern mit Papierstreifen zugeklebt worden. Man wollte eben im Winter 1941/42 in Orscha jeden unnötigen Luftzug vermeiden. Alle standen wir vor dem Problem des Rasierens. Sollten wir uns mit kaltem Wasser einseifen? Oder gar nicht rasieren? Oder umständlich Wasser erwärmen, eventuell in unseren Kochgeschirren? Oskar Zotz, Weinhändler aus Freiburg im Breisgau, diskreter Chauffeur und Putzer des Staffelkapitäns, wies allen einen gangbaren Weg. Er seifte sich mit der angenehm erwärmten braunen Brühe ein, die man uns in großen Kannen täglich zweimal mit der Bezeichnung „Kaffee" zur Verfügung stellte.

Eines Tages machte mich Oskar auf nicht eben wenige Lehrbücher der deutschen Sprache aufmerksam, die in einem Holzschuppen lagen. Mit ihnen sollte in unserem Gefreitenappartement die Wärme gesteigert werden. Viele Russen hatten offensichtlich deutsch gelernt. Ganz abgesehen von der Öffnung Rußlands nach dem Westen durch Peter den Großen, könnten die Sowjets die Sprache, in welcher Dr. Karl Marx seine für den historischen Materialismus wesentlichen Schriften verfaßt hat, als besonders lernenswert angesehen haben. Zwei Kriegsgefangene, ein Iwan und ein Nikolaj, heizten seit unserem Einzug in Orscha nicht nur mit Holz, sondern auch mit Papier, darunter den Deutschbüchern. Über Iwan, auf deutsch Johann, und über Nikolaj, auf deutsch Nikolaus, zwei überaus gutmütige Russen, konnte sich niemand beklagen. Eine Neuerung gegenüber unserem Aufenthalt im Sommer 1941 in der Ukraine stellte das Auftreten von zwei Wäscherinnen dar. Natürlich arbeiteten sie, freilich nie ohne Wenn und Aber. Sie achteten auf Distanz, spielten jedoch daneben auch ihre Weiblichkeit aus. Einige Feldwebel bekundeten plötzlich ein nachhaltiges Interesse an der russischen Sprache. Sie ließen sich von den Mädchen den einen oder anderen kyrillischen Buchstaben aufschreiben. Dabei bewunderten die Vertreter der 6. Staffel des KG 54 nicht nur die Rundungen der einzelnen Zeichen, sondern auch die der beiden Zeichnerinnen. Die II./KG 54 sorgte in Orscha nicht nur für die Sauberkeit speziell der Unterwäsche ihrer Soldaten, sondern auch für deren Gesundheit im allgemeinen. Ungefähr jede Woche besuchten uns ein Sanitäter und der UvD. Sie führten ein voluminöses Gefäß mit gelblich schwabbelndem Lebertran und einem Schöpflöffel mit sich. Jeder mußte vor den Augen des Unteroffiziers sofort eine Portion Tran schlucken. Willi Weinmann hatte sich vor einem dieser Schlucktermine in der obersten Bettenetage versteckt. Aber das wachsame Auge des UvD entdeckte den Lebertranflüchtling, verordnete ihm zwei Portionen der vitamin- und geruchreichen Sauce und außerdem die Reinigung der Feldwebelzimmer bis auf Widerruf.

Die dreistöckigen Betten boten mannigfache Vorteile. Jeder mit einem sechsten Sinn ausgerüstete Gefreite blieb im zweiten Obergeschoß ungestört, wenn Latrinenreiniger, Schneeräumer, Schuhputzer oder Schreibstubenhelfer gesucht wurden. Ich empfand die Etage direkt unter der Zimmerdecke als mein persönliches Sanssouci, meine Ecke „Sorgenfrei". Dort oben ertrug ich die Besonderheiten der elf Mitbewohner leichter als mitten im Raum. Daß wir in dieser käfigartigen Stube nach der Art von Affen, den „phylogenetischen Vettern" der Menschen, herumkletterten, war selbstverständlich. Unsere Grundstimmung glich der Fröhlichkeit in einem Omnibus bei einem Betriebsausflug. Ein enger Raum, das gemeinsame Erlebnis und ein in etwa gleiches Alter verbinden. Aber da hauste bei uns jungen Burschen auch ein circa 30jähriger Lehrer. Er litt an Haarausfall und gab nur Bedeutendes in artikulierter Sprechweise von sich. Dabei legte er Wert auf das rollende R und ein klares T. Dieser „Pauker" – so nannten wir ihn – war überzeugter Nationalsozialist. Wenn er etwa begann: „Dehrr Führrerr hatt gesagtt", dann mußte man schmunzeln. Unser Schulmeister gebrauchte nie den Namen „Hitler". Dieses Wort empfand er offenbar als heilig. Den Gruß „Heil Hitler" habe ich übrigens beim KG 54 kaum gehört, nicht einmal aus dem Mund unseres fliegenden Pädagogen. Je mehr dieser relativ reife Lehrer seine sicherlich unreifen Stubenkameraden, unter ihnen auch mich, politisch in seinem Verständnis aufklären wollte, desto mehr trug er dazu bei, daß sich unser Zwölferkabinett zu einem Zwölferkabarett entwickelte. Aber auch Willi Weinmann und Josef Barth erzielten ganze Lachsalven, wenn sie von ihren vielfachen sexuellen Erlebnissen recht anschaulich berichteten. Beide waren dadurch, daß sie schon eine Gonorrhoe überstanden hatten, in den Augen einiger Zimmergenossen sozusagen als Fachleute ausgewiesen. Weil Josef zusätzlich zu seiner märchenhaften sexuellen Potenz so routiniert Schach spielte, daß er fast stets gewann, konnte er sich in Orscha eines gewissen Ansehens erfreuen.

Als interessanter Zimmergenosse entpuppte sich Ludwig Fuchs. Mit seinem dichten braunen Haar, den wachen, etwas verschmitzten Augen, dem runden Gesicht, dem kräftigen Körper und den starken Händen hielt ich ihn bei unserem ersten Zusammentreffen nicht unbedingt für einen Norddeutschen. Sobald er den Mund zu einem „Servus" und dem Satz „I bin da Ludwig" öffnete, gab es keinen Zweifel. Er gehörte zum Stamm der Bayern. Ludwig war gutmütig, besaß Geschmack und arbeitete zielstrebig. Während andere lachten, herumalberten und spielten, rechnete und zeichnete der Sohn des Bayerischen Waldes fast pausenlos; denn er wollte Ingenieur werden.

In Orscha erklärte Hugo in unserer Zwölferbude laut und deutlich: „Der Krieg ist verloren. Ihr glaubt doch wohl nicht, daß wir die Amerikaner gleichzeitig mit den Russen besiegen können." Diese Prognose Hugos interessierte die meisten nicht. Ludwig, der konzentrierte Rechner, dürfte die Reden Hugos gar nicht wahrgenommen haben. Der Bayerwaldler hörte dann natürlich auch die harmlosen Witze nicht, zum Beispiel: Einer habe seinen Freund gefragt, was man mit seinem Hitler- und seinem Göringbild anfangen solle. „Ja", habe da der Freund geantwortet, „den Hitler hängen wir auf, den Göring stellen wir an die Wand." Ich glaube, daß derartige Witze bei uns nur in Orscha erzählt wurden. Allerdings sangen viele Kameraden der II./KG 54 bei Bier- oder Weinabenden gerne zur Melodie des sogenannten Egerländer Marsches die zwei Zeilen: „Habt a schon a Hitlabild, habt a schon a Hitlabild? Nein, nein, mia brauch'n kein's, mia hab'n noch von Stalin eins."

Fast genau drei Monate nach dem letzten Feindflug von Kirowograd in der Ukraine aus begann die II./KG 54 am 22. Januar 1942 erneut, Truppen und Fahrzeuge der Roten Armee zu bombardieren. Die Ziele lagen südlich der Waldaihöhen in einem von Rschew an der Wolga, Welisch an der Düna und Welikije Luki am Lowatfluß gebildeten Dreieck. Als besonderer Tag entpuppte sich der 2. Februar. Wie seinerzeit in Orscha üblich, stand die Besatzung Grießler um 4 Uhr in der Dunkelheit auf. Wir stapften zusammen mit dem ersten Wart zu unserer bei fast minus 30 Grad Celsius im Freien abgestellten B3-JP, um sie genauso wie in den letzten Tagen startklar zu machen. Auch heute wollten die Motoren trotz des Warmluftgebläses und des Drehens mit einer Handkurbel einfach nicht anspringen. Gegen ½ 7 Uhr tuckerten die Motoren zum ersten Mal. Nach einer weiteren halben Stunde begannen die Luftschrauben sich zögerlich zu drehen. Gegen acht Uhr liefen beide Motoren. Um 09.00 Uhr starteten wir. Eine Stunde später hatte Hugo das Ziel gefunden. Wir sollten mit Splitterbomben Sowjettruppen auf der Straße von Kreßt nach Welisch angreifen.

Vor uns bewegten sich Hunderte von Soldaten, viele auf Schlitten, andere auf Skiern, einige auf Pferden, nicht wenige zu Fuß. Die Splitterbomben mußten im Tiefflug geworfen werden. Kaum hatten die Rotarmisten uns erblickt, da sprangen die einen von ihren Schlitten, die andern lösten die Skibindungen, wieder andere stiegen von ihren Pferden, alle aber legten sich auf den Rücken. Jeder zielte mit seinem Gewehr oder seiner Maschinenpistole (MPi) auf uns. Leutnant Grießler drückte auf den Bombenabwurfknopf. Hugo aber schoß mit seiner Bugkanone auf die unten vor ihm liegenden Soldaten. Josef ballerte mit seinem Maschinengewehr (MG) aus seinem Heck auf die Truppen unter uns. Allerdings war für eine derartige Aktion die Ju 88 mit ihren circa 350 km/h rundweg zu langsam. So kam es, daß von den vielleicht 500 Gewehr- und Maschinenpistolenkugeln der Rotarmisten auf jeden Fall ein Geschoß entweder eine Ölleitung oder den linken Motor selbst traf. Aus diesem züngelten nämlich vier Minuten nach unserem Angriff Flammen heraus.

Alsbald brannte das ganze Triebwerk auf der Backbordseite. An ein Weiterfliegen mit nur einem Motor hätte man zur Not in 400 m Höhe denken können, keinesfalls in vielleicht 150 m über dem Boden. Unter uns lag ein Waldgebiet. Dabei verloren wir ständig an Höhe: 100 m, 80 m, 70 m, 60 m, 50 m. Ich bereitete mich wieder einmal auf den diesseitigen Tod und das Leben im Jenseits vor. Sollten die himmlischen Freuden wirklich schon jetzt, ausgerechnet auf den Waldaihöhen, beginnen? Gleichzeitig rief ich: „Josef, los, rauf; es geht runter." Hugo schrie: „Da vorne hört der Wald auf; ziehen." Grießler befahl: „Dach abwerfen." Ein Griff meiner Rechten genügte. Das Dach flog aus einer Höhe von etwa 40 Metern weg. Grießler hatte die Maschine noch einmal hochgezogen. Unter uns standen keine Bäume mehr. Da schlug schon das Heck im Schnee auf. Gleichzeitig rutschten die Tragflächen über den weißen Untergrund. Plötzlich war es ganz still. Grießler hatte nach der Regel „Knüppel an den Bauch" eine bravouröse Landung mit einem Anstellwinkel von vielleicht 15 Grad hingelegt. Unsere Kanzel steckte nur so weit im Schnee, daß alle ohne Komplikationen aussteigen konnten. Obwohl wir von den schätzungsweise 25 Kilometer entfernten Sowjettruppen weit und breit nichts sahen, war unsere Lage dennoch jämmerlich. Ich holte das Notpaket aus dem Rumpf der Maschine. Jeder besaß seine Pistole. Hugo und ich trugen zusätzlich je eine MPi. Schließlich stapften wir mühselig durch den Schnee. Als wir uns nach etwa 50 Metern umwandten, sahen wir unsere Ju 88 brennen.

Dann marschierten wir in südwestlicher Richtung weiter am Waldrand entlang. Im freien Gelände wären wir sofort aufgefallen.

Gegen vier Uhr erreichten wir eine Siedlung. Da lagen vor uns in einer Mulde zehn irgendwie idyllisch wirkende Holzhäuser, fünf auf jeder Seite der Dorfstraße. Einige Schornsteine rauchten. Ein paar Hunde kläfften. An der erstbesten Türe klopften wir. Da es bereits dunkelte, konnte ein Aufsehen vermieden werden. Mehr als ein Zimmer gab es nicht. Die Wände des Raumes waren mit Zeitungspapier tapeziert. In einem Eck hingen Ikonen. Ich dachte: „Diese Russen beten so wie ich. Hier können wir bleiben." Ich machte ein Kreuzzeichen. Der gemeinsame Glaube an den dreieinigen Gott verband uns. Grießler und Josef tolerierten meine Glaubensbekundung als eine nützliche Taktik. Hugo respektierte das mit dem Kreuz verbundene Bekenntnis ohne Wenn und Aber. In „unserer" Hütte befand sich auch ein voluminöser Kachelofen, auf dem – wie sich im Laufe der Zeit herausstellte – eine richtige und tatsächlich lebendige Babuschka (Großmutter) lag. Außerdem standen ein rüstiger Großvater, eine Mutter, ein Bub und zwei Mädchen im Zimmer. Alles verlief freundschaftlich. Die Russen wollten vielleicht aus Angst vor ihrer eigenen Armee unseren doch recht fragwürdigen Besuch geheimhalten. Der Bub klappte auf jeden Fall die Fensterläden zu; der Großvater sperrte die Türe ab; die Mutter entzündete eine Ölfunsel. Leutnant Grießler forderte Essen und einen Schlitten. Ich übersetzte mit kuschat (essen) und mit sani (Schlitten). Dann fügte ich hinzu loschad (Pferd), djeduschka (Großvater) und paschalßta (bitte). Grießler überreichte den Leuten einige Rubel und Heiligenbilder, die im Notpaket unserer Ju 88 mitgeflogen waren. Man gab uns Brot und Tee. Die Mutter beklagte den Krieg. Ihr Mann diene bei der Roten Armee. Schließlich wünschte man uns spakojni notsch (ruhige Nacht). Betten oder Sofas gab es nicht. Also legten wir uns auf den blanken Boden. Daß die Nacht entgegen dem Wunsch unserer unfreiwilligen Gastgeber höchst unruhig verlief, ergab sich aufgrund der doch recht seltsamen Situation; denn in der Reihenfolge Flugzeugführer, Beobachter, Funker, Schütze hielt immer ein Mann der Besatzung Grießler mit der Pistole in der Hand Wache. Zur Unruhe trugen aber nicht nur unsere Wachablösungen, sondern auch die individuellen, absolut notwendigen Besuche der Latrinenanlage im Freien bei. Auch der Großvater schlich vor das Haus. Überdies befürchtete jedes Besatzungsmitglied, daß der jeweilige Wachhabende einschlafen könnte. Doch am Morgen stellte ich beglückt fest, daß uns niemand vorzeitig ins Jenseits befördert hatte. Dann betete ich: „Vielen Dank, lieber Gott, und laß uns bitte gesund nach Hause kommen." Unter dem „Haus" verstand ich zunächst die 6. Staffel des KG 54 in Orscha. Ich dachte aber auch an die Rückkehr zu meinen Eltern nach dem Kriege.

Daß ich Gott ähnlich anrede wie Don Camillo, habe ich erst in den Fünfzigerjahren nach der Lektüre eines Romanes von Guareschi festgestellt. Im Anschluß an das suppenähnliche Frühstück transportierte uns der Großvater namens Pjotr mit seinem von einem Panjepferdchen gezogenen Schlitten weiter. Dieser brave Russe zog zwei Tage lang mit uns. Er übernachtete so wie wir in einer für ihn fremden Bauernhütte. Irgendwo bei Witebsk stießen wir auf deutsche Truppen. Hugo schenkte unserem Pjotr zwei runde Tafeln Schokolade aus unserem Notgepäck, ehe wir ihn mit seinem Schlitten entließen. Dabei reichten wir ihm die Hand, verabschiedeten uns mit einem dreimaligen Spasiba (danke) und riefen „Proschtschaitje" (Leben Sie wohl). Am 5. Februar trafen wir, bereichert um höchst aktive Läuse, gegen Abend mit einem Lastkraftwagen des Heeres wieder bei unserer II./KG 54 ein.

Schon drei Tage später flog die Besatzung Grießler neuerdings auf Kolonnen der Roten Armee. Das Ziel lag bei Rschew. Die Bilanz glich der vom 2. Februar. Es gelang der II./KG 54 zwar, zusammen mit den Maschinen anderer Geschwader, die Kameraden des Heeres vom überstarken Druck der sowjetischen Armee im Raum Demjansk-Cholm-Rschew zu befreien, aber auch wir wurden ein zweites Mal abgeschossen. Wieder brannte der linke Motor. Leutnant Grießler konnte in einem riskanten Einmotorenflug die Ju 88 mit dem Kennzeichen B3-FP weit über das Gros der sowjetischen Truppen hinwegziehen, ehe wir reichlich hart auf dem gefrorenen Boden entlangrutschten. Wir versteckten uns in Waldstücken vor den immer wieder auftauchenden Soldaten der Roten Armee. Dann stapften wir an einem Waldrand durch Eis und Schnee. Plötzlich näherten sich von hinten auf ihren Skiern drei Soldaten in weißen Tarnhemden. Sie trugen russische Wintermützen. Hugo und ich griffen zu unseren Maschinenpistolen. Hugo riet: „Wir schießen." Doch der erste Skifahrer schrie: „Kameraden." Er hatte unsere Luftwaffenkombinationen erkannt und fragte: „Was macht ihr denn hier?" Unser Flugzeugführer stellte sich vor: „Leutnant Grießler vom KG 54." Wegen der äußeren Umstände – wir waren auf der Flucht und standen reichlich hilflos im Schnee – kam mir die Reaktion Grießlers seltsam vor. Immerhin wußte der deutsche Stoßtrupp jetzt, wen er vor sich hatte. Hugo, der mutige und Karten tragende Beobachter, ließ sich den Weg zur nächsten deutschen Einheit zeigen. Von dort brachte man uns mit einem Lastkraftwagen in das Lazarett von Smolensk; denn Leutnant Grießler hatte sich bei unserer zweiten Notlandung einige Rippen gebrochen. Für die Ärzte in Smolensk war Grießler ein zu leichter Fall. Trotzdem ließ man uns vier, den Leutnant, den Hugo, den Josef und mich, irgendwo zwischen den Schwerverwundeten im großen Saal des Lazaretts am Boden auf Stroh schlafen. Diese Nacht war schrecklich, nicht wegen der Dürftigkeit des Lagers, nicht wegen der Läuse, sondern wegen des Stöhnens der Verwundeten und wegen des Hin und des Her der Sanitäter, die zwar jeweils einen Mann in den Nebenraum des Saales zur Amputation eines Beines oder zu sonstigen Operationen holten, aber andere trotz ihrer Bitten, man möge sie nicht vergessen, liegen lassen mußten. Während Leutnant Grießler am nächsten Tag über Witebsk in ein ordentliches Heimatlazarett kam, flogen wir drei Gefreiten mit der Ju 52 YC-ZX nach Orscha zurück.

Die II./KG 54 verlor seinerzeit binnen dreier Wochen elf von 30 Maschinen und außerdem 24 Mann des fliegenden Personales. Sicher wurde schließlich der von der Sowjetunion angestrebte große Durchbruch der Roten Armee durch die Frontlinie von Leningrad über Rschew und Wjasma bis Orel verhindert. Aber dieser Erfolg erinnert wegen der deutschen Verluste doch irgendwie an den Sieg des Königs Pyrrhus im Jahre 279 vor Christi Geburt über die Römer bei Ausculum. Über die tatsächliche Lage an der Front und die daraus resultierenden Handlungszwänge wußten im Februar 1942 vielleicht nur einige Offiziere der II./KG 54 Bescheid. Allerdings hat seinerzeit weder mein Flugzeugführer Leutnant Grießler noch der Staffelkapitän Oberleutnant Zauner jemals den Versuch unternommen, mit mir oder einem meiner Kameraden vom fliegenden Personal ein ernsthaftes Gespräch zu führen. Vielleicht war es ein im Offizierskasino gepflegtes Standesbewußtsein von Berufssoldaten, vielleicht war es eine innere, durch mangelhafte Schulbildung bedingte Unsicherheit einzelner Jünglinge im Leutnantsrang, vielleicht war es die teils selbstbewußte, teils uninteressierte Art mancher Beobachter und Bordfunker, die einen normalen Kontakt verhinderten.

Auf jeden Fall riß der Kontakt mit Grießler jetzt endgültig ab; denn nach unserem zweiten Fiasko vom 9. Februar 1942 kehrte dieser Pilot nicht mehr zur 6. Staffel zurück. Als mein Freund Hugo überdies zu einem Jagdgeschwader versetzt wurde, waren Josef und ich verwaist. In dieser Situation hätte ich mehrmals bei anderen Piloten mitfliegen können. Es mußten nämlich immer wieder verwundete oder kranke Bordfunker vertreten werden. Weil ich nicht der einzige überzählige Funker war, konnte ich mir die jeweiligen funkerlosen Flugzeugführer genau ansehen. Dann wußte ich sofort: „Mit dem nicht." In so einem Fall erfand ich alle möglichen Hindernisgründe. Dann war eben meine Brille defekt. Ein anderes Mal konnte ich wegen eines Katarrhs nicht richtig hören. Aber dann fiel bei der Besatzung des in der 6. Staffel angesehenen Leutnants Leopold Beck unerwartet der Funker aus. Mit diesem Flugzeugführer wollte ich fliegen. Wie so manche junge Witwe zielgerichtet den Weg so manchen rüstigen Witwers aus der Nachbarschaft kreuzt, so tauchte jetzt ich überall da auf, wo sich Beck vielleicht aufhalten würde. Wenn sein Beobachter für ihn zeichnete oder Konstruktionen entwarf, half ich mit. Wenn Leutnant Beck einen Putzer suchte, bot ich mich an. Kurz und gut, als die Besatzung Beck wieder startete, war ich mit von der Partie. Die Zusammenarbeit funktionierte. Der Bordschütze Reinhold Autenrieth konnte schießen und seine Beobachtungen allen deutlich mitteilen. An den Qualitäten Ludwigs hat nie jemand gezweifelt.

Als ich Leutnant Beck zum ersten Mal sah, trug er weder eine Uniformjacke noch eine Kopfbedeckung. Mit seinen hellblauen Augen und den rötlich-blonden Haaren wirkte er blaß, unfertig und schülerhaft. Er besaß außer der Haarfarbe, die ihm zeitweilig den Spitznamen „der rote Kampfflieger" eintrug, keine besonderen Merkmale, die eine Behörde in seinen Paß hätte eintragen können. Wenn jemand allerdings Beck sprechen hörte, dann nahm er sofort eines seiner Charakteristika wahr: Er stammte aus Württemberg. Der rote Kampfflieger teilte nämlich beim Sprechen gewisse Diphthonge, beispielsweise das „ei", in betonten Silben in zwei verschieden getönte Vokale auf. Überdies dehnte er Selbst- und Umlaute, auf denen der Akzent liegt, besonders vor G, B und D wie alle rechtschaffenen Schwaben (Beck: „Schwaaben") in einer Weise (Beck: „We-jise"), die dem Hochdeutschen fremd ist. Aber gerade diese mundartlichen Varianten verliehen dem in Schwäbisch Gmünd im Remstal als Sohn eines katholischen „Sozis" und Metalldrückers geborenen Berufsoffizier eine gewisse menschliche Wärme. Beck versuchte sich von dem förmlichen Gehabe, das der eine oder andere Offizier pflegte, freizuhalten. Er scheute unnötige Geldausgaben. Er hielt alle Terminabsprachen genau ein. Leo – so nannten wir ihn später – sah in der vollen Leutnantsuniform wie ein schicker Flieger aus. Und das Allerwichtigste: Er war es auch. Seine Starts und Landungen mit der reichlich kapriziösen Ju 88 konnten sich sehen lassen. Wie ein souveräner Reiter sein Pferd kennt, liebt und beherrscht, so hatte Leo seine Maschine im Griff. Er besaß ein Gespür sowohl für Thermik als auch für Technik; und er liebte sein Flugzeug.

Leutnant Beck praktizierte in der Ju 88 eine geradezu ideale Zusammenarbeit mit seiner Besatzung. Er vertraute den Navigationskünsten des Beobachters, den Hinweisen des Schützen und den Angaben seines Bordfunkers. Mir gewährte die Beherrschung der Flugmaschine durch den Piloten Beck die Freiheit von der Maschine. Wie Antoine de Saint-Exypéry genoß ich durch die von Leo ermöglichte selbstverständliche Arbeitsweise der Motoren deutlicher als jemals zuvor die Schönheit des Dahingleitens über Wälder und Wiesen, Städte und Straßen, Bäche und Berge.

Die Besatzung Beck griff im Mai 1942 von Orscha aus zumeist Bahnhöfe und Züge, mit denen Truppen transportiert wurden, an. Eine große Bedeutung kam dabei dem Eisenbahnknotenpunkt Bologoje an der Strecke Leningrad – Moskau zu. Vor jedem Flug meldete der jeweilige erste Wart, daß die von ihm betreute Maschine startklar sei. Dieser Rapport bezog sich auf die Motoren, die Betankung, alle Leitungen, das Fahrgestell, die Seiten- und Höhenruder, die Bewaffnung und die Funkgeräte. Anschließend benutzte die ganze Besatzung unter den verständnisvollen Blicken der umstehenden Techniker das Fahrgestell und das Leitwerk als Pissoir. Diese Tätigkeit war im Hinblick auf die Länge vieler Flüge zweckmäßig. Allerdings entwickelte sich der ganze Vorgang nebenbei zu einer fixen Manie. Wir glaubten nämlich alle vier, daß eine solchermaßen befeuchtete Ju 88 ihren Flugplatz wieder finden werde. Nach dieser Zeremonie hörten wir von Beck gewisse, ab und zu wechselnde, dem Offizierskasinowortschatz entstammende Aufforderungen, zum Beispiel „Auf los geht's los" oder „Na, Kinnersch, steigt ein" oder „Bitte Platz zu nehmen" oder „Heut' geht's rund" oder „Woll' ma mal wieder" oder „Heute wird's knifflig" oder „Vati kriegt das schon hin". Wenn alle in der Ju 88 angeschnallt saßen, bremste Leutnant Beck die Maschine selbst noch einmal ab, das heißt: er drückte auf die Bremsen und gab gleichzeitig so lange Gas, bis die Motoren aufheulten. Dann rollten wir zur Abflugstelle; die Maschine zog nach vorne, bekam Horizontallage und hob bei einer Geschwindigkeit von rund 190 km/h zügig ab.

Nun, am 19. Mai 1942 waren wir wieder einmal nach dem eben geschilderten Ritual in Orscha gestartet, um kurz nach 11 Uhr am Bahnhof Gorow Züge zu bombardieren. Die russischen Flugabwehrkanonen (Flak) versuchten schon beim Anflug, uns vom Himmel zu holen. Die Explosionen ihrer Geschosse konnten wir nur optisch, nicht akustisch, wahrnehmen. Tatsächlich sahen wir unter und hinter uns watteähnliche Gebilde, die Reste der krepierten Granaten. Unser Ludwig wies mit ruhiger Stimme auf die durch das Mündungsfeuer erkennbare Position der sowjetischen Flak hin. Leo flog jedoch einfach geradeaus; denn er glaubte zu wissen, daß die

Rotarmisten wegen ihrer veralteten Kanonendrehkränze nur auf Kursänderungen unsererseits warteten. Aber den Gefallen taten wir ihnen nicht. Reinhold zückte jetzt seinen Fotoapparat. Er mußte wie jeder Bordschütze unsere Treffer im Bilde festhalten, weil das zuständige Fliegerkorps nur aufgrund klarer Fotos über die Art weiterer Feindflüge entscheiden konnte. Außerdem sollten Erfolgsmeldungen, die in den Bereich der Seemannsgarnerzählungen gehörten, von vornherein unterbunden werden. Es zählten als sicher nur die durch ein Foto dokumentierten Treffer. Während des Flakbeschusses hatte ich mich auf den im Winkel von 50° geplanten Sturzangriff vorbereitet. Es ging mir um die beiden MG-Gurte. In ihnen liefen beim Schießen die Patronen wie auf einem Fließband. Weil sich beim Abkippen der Ju 88 zum Sturz alles, was nicht fest verzurrt war, schwerelos verselbständigte, mußte ich meinen beweglichen Munitionsgurten die allergrößte Aufmerksamkeit zuwenden. Ich hielt sie während des ganzen Sturzes fest. Kaum hatte ich gedacht: „Kommen heute keine Ratas?", da tauchten auch schon zwei sowjetische Jäger auf. Der eine von den beiden flog deutlich tiefer als wir in einem Abstand von vielleicht 800 m, um uns nach dem Bombenabwurf möglichst sofort beim Übergang vom Sturz- in den Steigflug abzuschießen. Aber der sowjetische Kollege hatte sich hinsichtlich unserer Abfanghöhe getäuscht. Er mußte sich umständlich in eine für ihn günstige Angriffsposition bringen. Als er endlich in meine Optik kam, rief ich: „Jäger genau hinter uns; 500 Meter, 400 Meter." Leo hörte, trat ins linke Seitenruder und war weg. Als die Rata-Polikarpow später unter uns vorbeiflog, schoß Reinhold auf die Maschine mit dem roten Stern, freilich ohne sichtbaren Erfolg. Reinhold teilte uns allen sogleich mit, daß er das Gesicht des gegnerischen Piloten gesehen habe. Auch die Angriffe des zweiten Jägers konnten uns nichts anhaben. Versuchte er es von rechts, drehte Leo seinerseits auch rechts weg; kam er von links, kurvten wir ebenfalls nach links. Unsere Flugrichtung durfte nie mit dem Kurs der Rata identisch sein. Weil ich als Funker mit dem Rücken zum Flugzeugführer saß, mußte ich meine Angaben immer seitenverkehrt machen. Wenn ich also beispielsweise den Jäger von links kommen sah, hatte ich „rechts" zu rufen. Die beiden Sowjetmaschinen hätten unsere recht wendige Ju 88 vielleicht doch noch einmal attackiert, wenn sich vor uns nicht wohlgestaltete weiße Cumuli aufgetürmt hätten. Auf diese steuerte Leutnant Beck zu. Dann flog er

> hurtig und froh im Schutze des Wolken versamelnden Gottes
> mit den Gefährten zurück in das bergende Orscha am Dnjepr.

Mit derartigen Hexametern hätte einer der seligen homerischen Dichter unseren Heimflug durch die „von Zeus beherrschten Wolken" besingen können. Erst lange nach dem zweiten Weltkrieg ist mir bewußt geworden, daß auch der Gott der Bibel, zum Beispiel im Psalm 135, als der Herr der Wolken bezeichnet wird. Für die Besatzung Beck boten die Cumuli auf jeden Fall sowohl am 19. Mai 1942 in Rußland als auch später in Nordafrika den erhofften Schutz.

Das „bergende Orscha" hatte auch im Winter einen gewissen Freizeitwert besessen. Mit Hermann Schach, einem aus Linsenhofen bei Nürtingen stammenden Schwaben, ging ich des öfteren auf Schneisen, die der Holzabfuhr dienten, durch die verschneiten Wälder. Im Anschluß an die eine oder andere Wanderung suchten wir gerne Bauernhäuser auf. Wir boten den Russen aus Flachs gefertigte Schnüre an. Mit diesen waren die Bomben in den Lieferkisten immer fest verzurrt. Für uns besaßen sie keinen Wert. Von den Bauern wurden sie geschätzt. Außerdem mochten die Russen unsere Zigaretten. Dafür erhielten wir von ihnen Eier. Mein Eindruck von diesen Leuten war rundweg gut. Eines Tages hatte Hermann eine Sauna entdeckt. Er fragte: „Goscht mit?" Die erste Sitzung kam mir abenteuerlich vor. Ein Kriegsgefangener heizte. Nach einem Aufguß schlug mich Hermann mit Birkenreisern auf den Rücken, eine Prozedur, die ich auch an ihm vollzog. Einige Minuten später stellte Hermann fest: „Etz langt's", lief hinaus in den Schnee und rief: „Des isch g'sund." Weil auch ich gesund bleiben wollte, sprang ich hinterher und genoß – nackt wie ich war – den Schnee in Weißrußland. Diese Saunagänge bedeuteten für mich Erholung von der Uniform. Daher wiederholte ich die Besuche in dieser Schwitzhütte von Orscha noch mehrmals.

Die II./KG 54 verlegte in den letzten Tagen des Mai 1942 auf den weiter östlich von Orscha gelegenen Flugplatz Seschtschinskaja, Mitte Juni nach Brjansk und Ende Juni nach Charkow-Woitschenko. In Seschtschinskaja standen vor der sowjetischen Flugplatzkommandantur zwei lebensgroße Plastiken. Ein Sportler und eine Sportlerin, beide züchtig mit kurzer Hose und Trikot bekleidet, blickten optimistisch und parteikonform geradeaus. Mir kamen diese aus einem unedlen Stein gefertigten Standbilder wie kitschige Konfektionsplastiken vor. Das ganze sowjetische Flugplatz-Arrangement war vielleicht als Kulisse für ein Kulturzentrum gedacht. Die mir vom heimatlichen Ries her vertrauten Marienstatuen, die Darstellungen des heiligen Johannes Nepomuk und die Feldkreuze besaßen in meinen Augen ein ganz anderes Niveau. Bei ihnen stand nicht der Mensch, sondern Gott im Mittelpunkt.

Im Frühling 1942 forderte mich Ludwig, der Bayer aus Freyung, auf, mit ihm zum Schwimmen zu gehen. Badehosen gab es nicht. Also stiegen wir nackt in Teiche und Flüsse. Jeder legte seine Uniform, die Schuhe und die Unterkleidung am Ufer ab. In unserer Harmlosigkeit dachten wir nicht daran, daß man unsere Textilien hätte stehlen können. Irgendwie wäre es lustig gewesen, wenn wir im Adamskostüm von unseren Staffelkameraden mit einem lauten Hallo empfangen worden wären. Am Ufer der Desna lag eines Tages an dem von uns schon mehrmals aufgesuchten Badeplatz ein toter Mann. Ludwig sah die Leiche, lief ungerührt etwa 100 Meter stromaufwärts, entkleidete sich, sprang ins Wasser und schwamm. Ich folgte ihm zögerlich, legte ebenfalls meine Uniform ab und stieg in die Desna. Da hatten wir im Religionsunterricht gelernt, daß es ein Gebot der Barmherzigkeit sei, die Toten zu begraben. Und wir? Wir badeten. Ich weiß nicht, ob man generell sagen kann, daß Jugend keine Tugend habe. Wir besaßen sie zumindest damals nicht.

Ludwig bewährte sich innerhalb der Besatzung Beck nicht nur als Physiker und Schwimmer, sondern auch als Jünger der Minne. Er liebte die Mädchen, die Mädchen standen ihm zumeist nicht ablehnend gegenüber. Meines Wissens vermochte er als einziger Kamerad der II./KG 54 russische und ukrainische Mädchen für ein Rendez-vous zu gewinnen. Ludwig nahm stets Rücksicht auf die weibliche Psyche. Er lachte, blickte treuherzig und schwieg taktvoll. Seine Verabredungen in der Sowjetunion verliefen immer keusch und zumeist kußlos; denn die von ihm angebeteten Mädchen waren nicht nur anmutig, sondern auch schüchtern. Deshalb konnte Ludwig immer auch die jeweilige Mamutschka (Mama) begrüßen. Bei dem einen oder anderen Treffen bat er mich, ihn zu begleiten. Ich mußte einige Artigkeiten in russischer Sprache von mir geben, zum Beispiel die zwei Worte „kraßiwaja djewuschka", mit denen die Schönheit des jeweiligen weiblichen Wesens besonders verdeutlicht werden sollte. Weil aber meine Kenntnis der russischen Sprache höchst unzureichend war, wandte ich mich mehr den Müttern zu, so daß Ludwig die Händchen seiner Auserwählten nicht nur betrachten, sondern auch berühren konnte. In Charkow verehrte Ludwig eine Studentin namens Jekaterina, die ihn und natürlich auch mich in die elterliche Wohnung einlud. Der Vater des Mädchens diente in der sowjetischen Armee. Auf eine diesbezügliche Bemerkung der Mutter hin lachte Ludwig. Ich stellte fest, daß wir und der Vater Jekaterinas eigentlich Kollegen seien. Ludwig wandte ein: „Leider bei zwei Konkurrenzunternehmen." Jekaterina radebrechte: „Vater Bodenflieger." Ludwig: „Wir treffen nicht immer." Die Mutter: „Mein Mann schießt auch Fehler." Ich: „Fehler oft recht gut." Die beiden Damen gehörten zur „Intelligenzija". Also haben sie uns in einer wirklich intelligenten deutsch-russischen Rede den Unterschied zwischen den revolutionären Bolschewiki und den evolutionären Menschewiki aufgezeigt. Sie lehnten sowohl Lenin als auch ganz besonders Stalin entschieden ab. Bei diesem für uns zwar eindrucksvollen, aber auch anstrengenden Rendez-vous stand Athene, die jungfräuliche, dem Haupte des Zeus entsprungene Göttin der Wissenschaft, so sehr im Mittelpunkt, daß Ludwig von einem weiteren Treffen Abstand nahm. Er bevorzugte die Gefilde und die Gebilde der schaumgeborenen Aphrodite.

Am 2. Juni 1942 flog die II./KG 54 zum ersten Mal seit dem Beginn des Krieges gegen die Sowjetunion gezielt Nachtangriffe. Unsere Bomben galten dem ca. 95 Kilometer südlich von Moskau gelegenen

Flugplatz Serpuchow. In dieser Nacht vom 1. auf den 2. Juni starteten wir zweimal. Der erste Angriff erfolgte gegen 22 Uhr, der zweite vier Stunden später. Nachtangriffe sind nicht unbedingt ein Zeichen der Stärke. Man benutzt die Dunkelheit als Schutz. Unsere Einsätze am Tage verliefen jetzt problematischer, weil die sowjetische Luftwaffe ein Jahr nach dem Überfall Hitlers auf die UdSSR über bessere Jäger in größerer Zahl verfügte. Bisweilen griffen jetzt drei, vier oder sechs Maschinen vom Typ Jakowlew unseren Verband gleichzeitig an. Irgendein Jäger schoß einmal sogar in mein Funkgerät.

Weil schon bei früheren Flügen anderer Besatzungen nicht nur die Sendeanlagen, sondern auch die Funker selbst getroffen worden waren, wurden in allen Ju 88 der II./KG 54 Panzerplatten eingebaut. Beim Peilen und Morsen sollte ich dieses durch Scharniere in sich bewegliche Metallmonstrum so zusammenklappen, daß es waagrecht in Höhe meines Halses fixiert war. Bei einem Jagdangriff hätte ich diese schreckliche Apparatur zwischen der Funkanlage und meinem Oberkörper vorhangartig nach unten ziehen müssen. Ich stieg in die Maschine, sah das gräßliche Ding und sagte „nein". Dem Leutnant Beck legte ich dar, daß mich die Panzerplatte sowohl beim Beobachten des Luftraumes als auch beim Schießen als auch beim Funken behindere. Ich wisse, daß das KG 54 keine Lebensversicherung sei. Aber es nütze gar nichts, wenn der Funker bei einem Jagdangriff zwar wohlgepanzert, aber untätig nach Art des Vogels Strauß zunächst lebe, ein paar Minuten später jedoch mitsamt der Maschine und der ganzen Besatzung in den Tod stürze. Beck hörte, lachte und ließ die Panzerplatte entfernen. Ich flog also im zweiten Weltkrieg stets „oben ohne". Im Sommer 1942 entwickelte auch die sowjetische Flak eine größere Treffsicherheit. Die Besatzung Beck kehrte nicht nur einmal mit einem Loch im Rumpf der Maschine zum Einsatzflugplatz zurück. Um einem Sowjetjäger zu entwischen, flogen wir eines Tages in einem äußerst riskanten Tiefflug. Das bedeutete Eintauchen in Täler, Hinaufziehen auf Anhöhen, Überspringen von Wäldern. Leutnant Beck, der schon als Schüler vor 1939 in Schwäbisch Gmünd Segelflieger gewesen war, meisterte seinerzeit hervorragend diese nicht alltägliche Art der Flucht mit einer Ju 88. Der Russe konnte wegen des Auf und Nieders unserer Maschine nie ordentlich zielen. Er mußte vielmehr darauf bedacht sein, selbst jede Bodenberührung zu vermeiden; denn diese wäre für ihn tödlich gewesen. Also nahm er als vernünftiger Soldat von weiteren Attacken auf die Besatzung Beck Abstand.

Viermal mußten wir von Brjansk aus mit einem Kriegsberichterstatter starten. Er sollte anstelle unseres bewährten Reinhold, der Studienurlaub bekommen hatte, schießen und darüber hinaus sowohl fotografieren als auch Erlebniserzählungen fabrizieren. Leo, Ludwig und ich hielten diesen Mann nicht nur für einen Schwätzer, sondern auch für eine Gefahr, weil er weder mit der Sprechanlage noch mit den Vorrichtungen der Bodenwanne noch mit dem Maschinengewehr richtig hantieren konnte. Es ging aber alles gut, weil er – Gott sei Dank – bei seinen Gastflügen nichts von Bedeutung über die sogenannte „Ei V" melden mußte.

In jeder Ju 88 besaßen alle Besatzungsmitglieder zu ihrer eigenen Verständigung (deshalb „Ei V") in die Fliegerhauben eingebaute Kopfhörer und Mikrofone, die den Sprechton an der Kehle abnahmen. Es traf sich auch gut, daß der Propagandamann nie gezwungen war zu schießen. Aber dann flog der mir von der Besatzung Grießler her vertraute Josef Barth als neuer Bordschütze mit. Leo begegnete diesem schlaksigen neuen Mitglied seiner Besatzung reichlich reserviert. Uns tat er fast etwas leid. Ludwig und ich waren als „alte Hasen" mittlerweile Unteroffiziere geworden. Josef blieb dagegen beim Rang eines Obergefreiten stehen. Im Rückblick besitzen diese Beförderungsstufen keine Relevanz. Sie tangieren den wahren Wert eines Menschen nicht. Im Alltag der Jahre 1939 bis 1945 spielte der Dienstrang jedoch eine gewisse Rolle. Als Unteroffizier besaß man ein höheres Ansehen. Wenn allerdings ein Angehöriger des KG 54 gefallen war, dann erhielt er ohne Rücksicht auf seine Stellung innerhalb der militärischen Hierarchie das Epitheton „Kamerad".

Ich weiß auch nach 55 Jahren noch nicht, wie man eine Truppe ohne Dienstgrade hätte führen können. Es mußte einfach Generäle und Offiziere geben, die fähig waren, höhere Verantwortung zu tragen. Ebenso benötigte man Unteroffiziere und Mannschaften, deren Tugend die Verläßlichkeit war. In diesem Betrachte stellt das Wort „Kamerad" eine Reverenz vor der Würde jedes einzelnen Soldaten dar.

Vom Januar bis zum Juli 1942 hatte die II./KG 54 insgesamt 61 Kameraden verloren. Von ihnen galten 49 als vermißt. Zwölf waren gefallen. Außerdem lagen 20 Verwundete mehr oder weniger lang in irgendwelchen Lazaretten. Mehr als 30 Maschinen waren durch Feindeinwirkung zerstört worden.

In den drei Monaten von Anfang Mai bis Anfang August 1942 änderte sich vieles. Die Briten bombardierten, beginnend mit einem Angriff auf Köln, gezielt deutsche Städte. Außerdem besiegten die Amerikaner im Pazifischen Ozean die Japaner bei den Midway-Inseln und westlich von Guadalcanar. Aber auch die Deutschen konnten Siege verbuchen. Sie besetzten die Ölfelder von Maikop nördlich des Kaukasus, überquerten den Don südlich von Woronesch und standen auf ägyptischem Boden vor El Alamein. Bei oberflächlicher Betrachtung konnte man glauben, daß trotz der Erfolge der Royal Airforce im Luftkrieg die Chancen Hitlers gar nicht so schlecht stünden. Im Sommer 1942 wurde eine deutsche Oppositionsgruppe enttarnt. Unter der Leitung des im Reichsluftfahrtministerium tätigen Oberleutnantes Harro von Schulze-Boysen, eines überzeugten Kommunisten, war die Sowjetunion per Funk laufend über neue Waffen, Truppenbewegungen und Angriffsziele informiert worden. Ich wußte natürlich von Spionage und Widerstand im Jahre 1942 nicht das geringste. Der Besatzung Beck – und nicht nur ihr allein – blieb auch verborgen, daß am 18. Juli 1942 zum erstenmal eine Düsenmaschine (engl. Jet) mit der Bezeichnung Me 262 im bayerischen Leipheim flog. Ebenso hörte der eine oder andere erst nach dem Kriege, daß am 4. Juni 1942 die Physiker Werner Heisenberg und Carl Friedrich von Weizsäcker mit dem Reichsminister Albert Speer und Generalfeldmarschall Erhard Milch über die Möglichkeit einer Atomkernspaltung sprachen. Außerdem wurden im Juli 1942 von den nach dem Osten deportierten Juden die Gesunden im Alter zwischen 16 und 39 Jahren zum „Arbeitseinsatz" gebracht. Alle anderen hat man zumeist in

Polen erschossen oder durch Giftgas ermordet. Wir, die Kameraden der II./KG 54, wußten seinerzeit nicht, daß wir einem Staate dienten, der tatsächlich von Kriminellen beherrscht war.

Ich hatte mich jetzt an den Krieg fast wie ein Landsknecht gewöhnt. Mir gefiel das Abenteuer. Die Besatzung Beck besaß eine beachtliche Routine. Starts und Landungen verliefen ohne Probleme. Beim KG 54 lernte ich Gewandtheit, das Abschätzen von Risiken, den Verzicht auf Wehleidigkeit, die Einordnung in eine nicht nur aus Gymnasiasten bestehende Gemeinschaft, technische Findigkeit, kritisches Denken, Spontaneität, die Bewältigung des Alltages, den Umgang mit Angehörigen fremder Völker, das natürliche Benehmen gegenüber den Mädchen, Höflichkeit und Pünktlichkeit. Mehr konnte ich von 1939 bis 1945 nicht erreichen. Ich neige nachträglich zu der Annahme, daß meine juvenile, das heißt altersrichtige Blindheit gegenüber der Politik mich vor Aktionen bewahrt hat, denen ich nicht gewachsen gewesen wäre. Außerdem bin ich so altmodisch zu glauben, daß eine wichtige Tugend normaler und gesunder junger Leute trotz einzelner bedeutender Ausnahmen der Gehorsam, nicht das unabhängige Handeln ist. Die verantwortungsvolle Tat wird von den circa 30 bis 65jährigen erwartet. Daß sich trotz des guten Willens vieler kluger Menschen immer wieder mehr oder weniger ausgeprägte Formen der Tyrannei oder der Ochlokratie, verbunden mit dem Mißbrauch des Gehorsams der Jugend, durchsetzen, gehört in den Bereich des Tragischen, den man vor 1000 Jahren mit dem Ausdruck „Tal der Tränen" umschrieben hat.

Auf jeden Fall waren während der Weimarer Republik die Weichen in der Politik von denjenigen Bürgern gestellt worden, die zwischen 1925 und 1933 bei den zahlreichen Wahlen für die Kandidaten der undemokratischen, teils mit Schlägertrupps auf den Straßen agierenden und grölenden, teils mit unseriösen Versprechungen einzelne Interessengruppen gezielt ködernden Parteien votiert hatten. Ich denke dabei in erster Linie an die Wähler der Nationalsozialisten. Vor einer pauschalen Verurteilung sollte man sich allerdings genau mit den von Francis Bacon im Jahre 1620 formulierten „Idola" vertraut machen. Ich, im März 1933 ein zwölfjähriger Bub, hatte den Krieg nicht gewollt. Er wurde mir aufgezwungen. Ich konnte nicht aus meiner Zeit aussteigen und in einer mir nicht gemäßen Weise erklären, daß ich mir andere Verhältnisse wünschte. Ich mußte in den fünfdreiviertel Jahren des Zweiten Weltkrieges genauso wie meine Kameraden vom KG 54 mit den unserer Generation vorgegebenen Schwierigkeiten fertig werden.

Ich freute mich, wenn die Besatzung Beck mit einem Transportauftrag nach Poltawa oder Star Bychow am Dnjepr südlich von Mogilew oder Nikolajew flog. Dort sah ich zum ersten Mal in meinem Leben das Schwarze Meer. Doch bald sollte ich auch die Nordsee kennenlernen. Anfang Juli verließen wir nämlich ohne Josef, aber zusammen mit dem Oberwerkmeister Diener und einem ersten Wart das ukrainische Charkow. Nach einem Zwischenstop in Schitomir erreichten wir Breslau-Schöngarten. Bei der Landung auf dem für die übervolle Ju 88 fast zu kurzen Rollfeld setzte Leo die Maschine punktgenau am Beginn der Flugpiste auf und kam vor dem Begrenzungszaun des Platzes elegant zum Stehen. Diener knurrte, Ludwig lachte. Der aus Schwaben stammende erste Wart räsonierte: „I hän scho denkt, des got danäba." Über Braunschweig-Waggum flogen wir weiter nach Beauvais-Tillé. Von hier aus konnte man leicht England erreichen. Hitler versuchte sich offensichtlich für die Angriffe der Briten auf die MAN in Augsburg, auf Lübeck und Köln zu revanchieren.

Zunächst fuhr die Besatzung Beck allerdings in Urlaub. Mein Vater, der recht ordentlich französisch sprechen konnte, parlierte mit mir bei unseren Spaziergängen in Nördlingen jetzt in der Sprache Molières. Ich hatte das Französische schon im Gymnasium gemocht. Meine Mutter und die Tante Berta seufzten, wenn ich als miles gloriosus von meinen Flügen berichtete. Sie beteten und kochten exzellent. Nach zehn angenehmen Tagen im Ries kehrte ich mit dem Zug über Paris nach Beauvais zurück. Da benutzte ein Franzose im Hinblick auf mich das Wort „boche". Mein Vater war mit diesem Ausdruck schon 1917 abqualifiziert worden. Er hatte vermutet, daß „boche" eine Kurzform von „cabochard", auf deutsch „Dickschädel" sei. Diese Interpretation scheint mir zwar nicht unbedingt höflich, aber irgendwie doch zutreffend zu sein. Er paßte durchaus zu mir und darüber hinaus zu recht vielen Männern. Als ich nun im Zug von Paris nach Beauvais das Wort „Boche" hörte, lachte ich und erklärte: „Moi, je suis boche." Die Franzosen schmunzelten. Einer sagte: „Pardon." Es gab ein artiges Hin und Her, bis ich – malheureusement – in Beauvais den Zug verlassen mußte. Anders als Caesar, der mit den Bellovacern, nach denen Beauvais benannt ist, manchen Kummer hatte, fühlte ich mich in meinem neuen Garnisonsort ausgesprochen wohl. Wir wohnten in einem Mädchenpensionat, leider ohne Mädchen. In Beauvais konnte man den Krieg vergessen. Es gab Kirschen, Kaffee, Wein, Sekt, Mineralwasser, Kuchen. Eines Tages fuhr an mir eine Menge Radfahrer im Stil der Tour de France vorbei. Ein anderes Mal kaufte ich Schuhe und Hemden. Ein liebenswürdiger Franzose erklärte mir, daß die unvollendete Kathedrale von Beauvais das mächtigste gotische Bauwerk der Welt geworden wäre, wenn man den Vierungsturm entsprechend abgestützt hätte. Und die Französinnen?

> Jeder von uns wollte nur
> mit den Mädchen faire l'amour.

Die von Göring angeordnete Zerstörung der Automobilfabriken von Bedford rangierte bei der Besatzung Beck in vollkommener Verkennung der Aufgaben einer Luftwaffe an zweiter oder dritter Stelle. Ludwig und ich haben Beauvais im Sommer 1942 auf jeden Fall genossen. Trotzdem starteten wir am 30. Juli um 00.06 Uhr in Richtung England. Es ging an Ostende und Harwich vorbei nach Bedford. Schon über der Nordsee habe ich, wie stets vor einem Angriff, für die Opfer unserer Bomben gebetet. Irgendein Engel sollte den Menschen dort beistehen. Als Bordschütze flog der von der Besatzung Grießler übrig gebliebene Josef Barth mit. Bereits vor der Themsemündung hatten uns dauernd britische Nachtjäger attackiert. Da rief unser Josef bei Harwich aus seiner Bodenwanne: „Hea Laidnand, mia san im Scheinweafa." Ludwig äugte nach unten, Leo nach vorne, ich nach hinten. Es gab keinen Scheinwerfer. Nur der Mond spiegelte sich hell in der Nordsee. Da hatte der übervorsichtige Josef doch tatsächlich das Mondlicht mit einem Scheinwerferstrahl verwechselt. Beim Rückflug nach unserem Lieblings- und Liebesort Beauvais wählten wir die Strecke Oxford-Reading-Brighton-Dieppe. Bisweilen startete die II./KG 54 auch in Chièvres (30 Kilometer östlich von Tournai) auf Industrieanlagen in Birmingham, Southend-on-Sea und Hastings, wo 1066 Wilhelm der Eroberer den angelsächsischen König Harold besiegt hatte.

Am 19. August 1942 sollten Leo und ich in einer offenen zweisitzigen Klemm 25 ohne Funkgerät von Beauvais nach Brüssel-Evère fliegen, um dort eine Ju 88 zu holen. Die Geschwindigkeit der Klemm betrug etwa 120 km/h. Leutnant Beck saß mit einer Karte hinten, ich vorne. „Wir fliegen entlang der Maas bis auf die Höhe von Brüssel", erläuterte mein Pilot. Also saß ich friedlich auf meinem Sitz, genoß den Fahrtwind und dachte an die Schlachten des Ersten Weltkrieges, die 25 Jahre zuvor auf dem Gelände unter uns stattgefunden hatten. Da stieß mich Beck an und reichte mir seine abenteuerlich deformierte Karte in die Hand. Er bat mich, weiter zu franzen. Wir seien etwas vom Kurs abgekommen. Ich riet, den nächsten Bahnhof im Tiefflug anzusteuern. Dort gebe es sicher ein Ortsschild. Mein ziemlich kleinlauter Leo flog brav entlang der Geleise. Da kam auch schon eine Station. Erwartungsvoll äugte ich nach unten; aber ich sah nur den Perron und das Bahnhofsdach, unter dem vermutlich der Stationsname stand.

Doch dann erblickte ich in der Ferne ein Rollfeld. Ich rief: „Vorne sehe ich einen Flugplatz. Aber ich glaube nicht, daß dies Evère ist." Darauf Leo: „Wir gehen herunter und fragen." Gesagt, getan. Ein deutscher Soldat, der ziemlich hilflos, für uns allerdings ausgesprochen hilfreich, am Ende des Rollfeldes stand, erwiderte auf die Frage nach dem Namen des Platzes: „Eindhoven". Kaum hatte Leo den Namen dieses allen Angehörigen des fliegenden Personals bekannten niederländischen Flughafens gehört, da rollte er zurück, gab Gas und entschwand mit mir himmelwärts. Dann ging es mit einem Kurs von 225 Grad nach Brüssel-Evère. Beim Rückflug nach Beauvais verließen wir uns auf die Befehle des Peilers. Ich wies nach der Landung auf die Verläßlichkeit der qdm-Angaben hin. Dadurch werde die Tätigkeit des Navigators, den man auch „Franz" nannte, wesentlich erleichtert. Leo überhörte meine verklausulierte Bemerkung, mit der ich dartun wollte, daß er nicht „franzen" könne.

Schon beim Flug am 30. Juli 1942 nach Bedford hatte Ludwig festgestellt, daß Leutnant Beck ohne solide Navigationskenntnisse plötzlich Lust verspürte, selbständig zu franzen. Deshalb war es seinerzeit nicht nur zu Komplikationen wegen eines nicht existierenden Scheinwerfers nördlich des Themsetrichters, sondern auch wegen des Kurses gekommen. Ludwig hatte wie immer den Flugwinkel berechnet. In seiner Nervosität wollte Leo mehr nach Steuerbord fliegen. Das sage ihm sein Gefühl. Daraufhin ergrimmte der Unteroffizier aus dem Bayerischen Wald. Dabei knurrte er und drohte dem Leutnant: Wenn er, Leo Beck, ihm, dem Ludwig Fuchs, nach weit über 100 gemeinsamen Feindflügen nicht mehr vertraue, dann werde er, Ludwig Fuchs, ihm, dem Leo Beck, die Navigationsunterlagen überreichen. Was er auch tat. Die Karte, das Kursdreieck und der Knemeyer (eine Art Rechengerät) wanderten über dem United Kingdom auf die Kniee Becks. Der schwieg, schob Karte, Kursdreieck und Knemeyer zurück und flog den von Ludwig errechneten Kurs. Diese zwei mißglückten Navigationsversuche unseres ansonsten tadellosen Flugzeugführers im Sommer 1942 boten keinen Anreiz zu einer Wiederholung. Leutnant Beck praktizierte wieder wie bisher das bewährte Teamwork.

Unsere Flugaktivitäten im Westen waren mit der nicht eben rühmlichen Tour von Beauvais-Tillé nach Brüssel-Evère und zurück beendet; denn die Rote Armee bedrängte im August 1942 die deutsche Wehrmacht im Raum Welikije Luki – Rschew so sehr, daß man auf die wenig ergiebigen Englandflüge der II./KG 54 bereits nach einem Monat wieder verzichtete. Von Einsätzen auf sowjetische Truppenverbände im Mittelabschnitt der Ostfront erhoffte man sich eine größere Effizienz. Die langen Fronten im Mittelmeerraum, am Atlantik und von Kirkenes bis zum Kaukasus überforderten eindeutig die Wehrmacht.

Also startete die Besatzung Beck am 23. August 1942 um 13.53 Uhr mit einem Techniker und zwei Fahrrädern an Bord in Beauvais, übernachtete in Hildesheim und flog über Warschau nach dem westsüdwestlich von Brjansk gelegenen Schatalowka. Leutnant Beck war bei der Suche nach einem neuen Bordschützen fündig geworden. Der bei Köln beheimatete Willi Weinmann, unser Stubengenosse von Orscha, sollte jetzt anstelle Josefs, der das Mondlicht für einen Scheinwerfer gehalten hatte, als vierter Mann mit uns fliegen. Unser Auftrag lautete, von Schatalowka aus am Südende der Waldaihöhen Panzer, Lastkraftwagen, Bahnhöfe, Züge und Flugplätze zu bombardieren. Dabei benutzten wir nicht selten das gegenüber dem recht frontfernen Schatalowka relativ frontnahe Wjasma als Absprungplatz für einen zweiten Feindflug an einem einzigen Tag.

Am 5. September 1942 zerstörte die II./KG 54 gemeinsam mit der I. und II. Gruppe des KG 3 Hallen und sowjetische Bomber in Kubinka west-südwestlich von Moskau. Unser Verband bestand aus 18 Kampfflugzeugen. Wir griffen am späten Nachmittag mit der Sonne im Rücken im Horizontal-, nicht im Sturzflug, an und flogen so dicht aufgeschlossen nebeneinander, daß sich die Schußfelder aller Bordschützen nach unten zum Heck hin und aller Funker nach oben am Leitwerk vorbei überschnitten. Gleichzeitig wurden wir von vier Messerschmittjägern (Me 109) geschützt. Unser Rückflug erfolgte nach einer weiträumigen Kurve von Osten nach Westen.

Die auf dem nahe gelegenen Moskauer Flugplatz Wnukowo stationierten russischen Jäger waren sofort gestartet, wurden aber von den Me 109 wirksam bedrängt und in lebhafte Luftkämpfe verwickelt. Trotzdem drangen drei von uns als „Spitzmäuse" bezeichnete Jakowlew-Maschinen in den Ju 88-Verband ein. Sie griffen recht intelligent auf unseren Flanken an; denn wir verfügten weder an Steuer- noch an Backbord über Maschinengewehre. Zudem konnte die einzelne Ju 88 nicht aus der KG 3 / KG 54-Gruppe ausscheren. Eine gewisse Schwierigkeit für die Spitzmäuse mit dem roten Stern ergab sich jedoch bei dem von ihnen zu wählenden Vorhaltewinkel. Ein sowjetischer Jäger griff eine vor uns fliegende Ju 88 an. Er schoß fest, traf aber nicht. Ein zweiter attackierte eine rechts außen fliegende deutsche Maschine. Ich glaube, daß der rechte Motor der angegriffenen Ju 88 brannte. Mehr konnte ich nicht sehen; denn eine sowjetische Spitzmaus flog gerade von Backbord her genau auf uns zu. Es war schrecklich. Ich rief: „Russe 500 Meter links; jetzt schräg links von uns." Ludwig: „Er schießt vor unseren Bug." Ich: „Er schießt zu tief." Leo flog sofort etwas höher und geringfügig langsamer. Das war die Rettung. Ich sah noch die Leuchtspurmunition des Russen, die zwischen den Ju 88 unseres Bomberpulks hindurchperlte. Schließlich versuchten es die Sowjets von hinten. Wir, die KG 3- und die KG 54-Schützen, zielten sorgfältig und schossen zusammen mit einer Me 109 gewissermaßen im Kollektiv eine Spitzmaus ab. Die Ju 88 des Unteroffiziers Pleß erhielt einen Treffer in einem Triebwerk. Im Einmotorenflug kam Pleß noch bis hinter die Hauptkampflinie, wo er notlanden mußte. Zwei Tage später kehrte die Besatzung Pleß ohne Ju 88, aber gesund zur II./KG 54 zurück.

Nach dem 5. September 1942 bekämpften wir vor allem sowjetische Artilleriestellungen und ganze Züge östlich von Welikije Lucki. Am 27. September griff die Besatzung gleich viermal – um 7 Uhr, um 9.30 Uhr, um 12 Uhr und um 15 Uhr – Panzer und Truppenkolonnen zwischen Selischarowo und Rschew an. Nur knapp eineinhalb Monate, von Ende August bis Anfang Oktober 1942, hat die II./KG 54 mit nicht geringer Effizienz in die Abwehrkämpfe des deutschen Heeres im Raum Rschew eingegriffen.

Dann sollten die im Norden Ägyptens bei El Alamein stehenden Truppen unterstützt werden. Die deutschen Soldaten standen dort nur noch an die 120 km vor Alexandria. Ende August 1942 war allerdings eine Offensive des Generalfeldmarschalls Erwin Rommel in Richtung Nildelta am Widerstand der Briten unter dem Oberbefehl des Generals Bernard Law Montgomery gescheitert. Die Royal Airforce konnte von ihren ordentlichen ägyptischen Flugplätzen aus operieren. Die bereits seit Ende 1941 im Mittelmeerraum eingesetzte I./KG 54 mußte dagegen zusammen mit einer erst im September 1942 dem Geschwader eingegliederten III. Gruppe von weit entfernten Basen aus starten: Von Gerbini oder Catania im östlichen Teil Siziliens aus oder von dem der Stadt Tarent benachbarten Grottaglie aus oder von Eleusis bei Athen. Die Flugplätze Iraklion und

Timbaki auf Kreta waren zwar frontnäher, aber wegen ihrer peripheren Insellage und der damit verbundenen Nachschubschwierigkeiten reichlich problematisch. Einzelne Angriffe des KG 54 auf die Armee Montgomerys vom afrikanischen Bir Dufan aus blieben nur Episode. Am 23. Oktober 1942 eröffneten die Briten ihre Offensive gegen das deutsche Afrikakorps.

Am 27. Oktober landete die Besatzung Beck nach einem Flug über schneebedeckte Gipfel, dunkle Alpentäler und über das Tyrrhenische Meer hinweg um 18.45 Uhr in Catania. Wir hätten bereits zwei Wochen früher in Sizilien eintreffen können, wenn die für uns vorgesehene neue Ju 88 schon in München-Riem bereit gestanden wäre. Also hatten wir dort Urlaub bis auf Widerruf bekommen. Nach elf Tagen kam eine Karte, auf der „Urlaubsende 26.10. 24.00 Uhr" stand. Gegen 16 Uhr befand ich mich am Flugplatz Riem. Drei Tage später umkreiste die Besatzung Beck in der Straße von Otranto Tankschiffe, die Treibstoff für das Afrikakorps nach Libyen transportieren mußten. Wir sollten Angriffe britischer U-Boote auf die Tanker mit Bomben und Bordwaffen verhindern.

Die Besatzung Beck beobachtete stundenlang konzentriert die Meeresoberfläche. Der Geleitzug wurde nicht bedroht. Er befand sich am nächsten Tag bereits auf der Höhe von Leukas. Ich dachte an die Schlacht von Aktium, wo im Jahre 31 vor Christi Geburt Octavianus und Agrippa die ägyptische Königin Kleopatra, ein nach Horaz „fatale monstrum", besiegt hatten. Meine Unruhe wuchs, weil ich Ithaka, die Insel des Odysseus und der Penelope, nicht richtig ausmachen konnte. Keine meiner diesbezüglichen Bemerkungen fand eine positive Resonanz. Willi fragte: „Wie sah die Penelope aus? Besaß sie ne jute Figur?" Leo und Ludwig schmunzelten. Dann meinten sie, daß ich mich auf die U-Boot-Jagd konzentrieren solle. Ludwig lachte mich aus: „Deine Griechen und Römer sind schon lange tot. Die interessieren keinen Menschen mehr." Ich entgegnete, daß die Erinnerung an Odysseus und an Kleopatra die Suche nach britischen U-Booten nicht ausschließe. Leo stellte fest, wenn man einen Abiturienten an Bord habe, gebe es immer etwas zu lachen. Ich ergänzte: Weil zwei Abiturienten in unserer Kabine säßen, sei unsere Besatzung doppelt lustig. Darauf Leo: „Hihihi."

Am 7. November 1942 fuhren wir nachts um 2 Uhr zum Flugplatz. Wir sollten die nach Algier fahrende Invasionsflotte der Alliierten suchen und bekämpfen. Vom Start um 02.50 Uhr bis zum Ziel benötigten wir etwa drei Stunden. Ungefähr 160 km südlich der Pityusen sahen wir aus einer Höhe von rund 6500 Metern vor uns im Dunst eine imposante Zahl von Schiffen, unter ihnen auch Flugzeugträger. Leutnant Beck mußte jetzt in kürzester Zeit entscheiden, wie wir uns verhalten sollten. Die Lage war aus drei Gründen reichlich schwierig:

1) Wir befanden uns als einzige deutsche Besatzung gegen 6 Uhr in der Nähe dieses aus vielen Kriegsschiffen und Truppentransportern bestehenden Convoys.

2) Wer ein Schiff mit einer Ju 88 ohne einen Torpedo treffen wollte, mußte ungewöhnlich tief auf das Ziel zu stürzen, um in möglichst geringer Höhe die Bomben auszuklinken.

3) Der uns zur Verfügung stehende Treibstoff reichte nur für einen störungsfreien Rückflug nach Elmas oder Decimomannu auf Sardinien aus.

Das Risiko, bei einem Sturzangriff auf ein Schiff innerhalb dieser riesigen Armada Maschine und Leben zu verlieren, war sehr groß. Die Chance, eines dieser Seefahrzeuge zu versenken, war eher gering. Abgesehen davon ist ein Treffer auf einem Schiff nicht unbedingt identisch mit dessen Zerstörung. Mein forscher Ludwig dachte freilich nur an einen Sturzangriff. Er empfahl unserem Leo eine günstige Anflugsposition. Dann rief er mir lachend zu: „Siegfried, halt dich fest. Jetzt geht's los." Ich schwieg, hoffte auf den Beistand meines Schutzengels und auf die Besonnenheit des Leutnants Beck. Vorsorglich überdachte ich alle Handgriffe und Verhaltensweisen für den Fall eines Absprunges oder einer Notwasserung im Meer. Würde sich das Schlauchboot öffnen? Konnte man dem auf der internationalen Notfrequenz automatisch SOS ausstrahlenden Hilfssender vertrauen? Welche Schwierigkeiten waren vielleicht beim Aufblasen der Schwimmwesten zu befürchten? Da entschied der Kommandant des Flugzeuges, Leutnant Leo Beck, knapp und eindeutig: „Wir greifen im Gleitflug an." Er zielte daraufhin mit seinem Revi (Reflexvisier) auf einen der am Rande des Geleitzuges fahrenden Truppentransporter und drückte auf den Auslöseknopf für den Bombenwurf. Über den Erfolg unserer Aktion kann ich nichts sagen; denn wir mußten wegen des nur beschränkt zur Verfügung stehenden Treibstoffes sofort nach Osten abdrehen.

Nach einiger Zeit – wir waren schon fünf Stunden unterwegs – wurde es feucht in der Kabine. Willi fluchte, Leo und Ludwig lachten. Beide hatten ihre Pißbeutel benutzt und ein Fenster geöffnet, um sie zu entleeren. Aber sie kalkulierten dabei nicht die Luftdruckverhältnisse ein. Die an Bord jeder Ju 88 mitfliegenden Pißbeutel waren von ihrer Funktion her vergleichbar mit den „pots de chambre", die man in Bayern seinerzeit allgemein als „Potschambal" kannte. Leo fragte Willi und mich: „Hat es bei euch geregnet?" Ludwig ergänzte: „Seid unbesorgt; bei uns ist alles trocken."

In den neun Tagen vom 7. bis zum 15. November 1942 war es der deutschen Luftwaffe nicht gelungen, die Landung der Alliierten in Algier, Bougie, Bône und Tabarka zu verhindern. Gleichzeitig zwangen die Truppen Montgomerys das von Erwin Rommel kommandierte Afrikakorps zum Rückzug bis zum Hochland von Barka hin. Ab Mitte November 1942 sahen sich die deutschen und italienischen Streitkräfte nicht mehr nur im Osten, sondern auch im Westen mit höchst aktiven Feinden konfrontiert. Um das Malheur Hitlers und seiner nationalsozialistischen Genossen voll zu machen, schlossen die Sowjets fast gleichzeitig, am 19. November 1942, mit ihren Angriffszangen im Donbogen westlich von Stalingrad die 6. deutsche Armee ein. Die von Hitler erträumte Luftversorgung der an der Wolga umzingelten Truppen erwies sich wegen des Frostes und der starken sowjetischen Flugabwehr als unmöglich. In diesen Tagen, am 8. November 1942, hatte Hitler geschrieen, er habe immer nur den Kampf gekannt. Sein Prinzip laute: „Schlagen, schlagen und wieder schlagen." Entscheidend sei, wer den letzten und endgültigen Haken austeile. Ob im übrigen die ab dem 9. November

1942 erfolgte Besetzung Südfrankreichs durch die Deutschen ein zweckmäßiger Schlag Hitlers war, sei dahingestellt.

Ich hatte mich damals weder für die Rede Hitlers noch für die sich anbahnende Tragödie der deutschen 6. Armee bei Stalingrad interessiert. Nicht einmal die Vorgänge in Nordafrika bewegten mich. Nachträglich wußten wir alle drei, der Oberst Leo Beck, der Oberbaudirektor Ludwig Fuchs und ich, daß unser Problem im November 1942 weder ein Geleitzug noch das KG 54 noch Dwight David Eisenhower noch Erwin Rommel gewesen war. Das Problem hieß Adolf Hitler, der nach einem Satz des Generalobersten Franz Halder seine eigenen „Wunschträume zum Gesetz des Handelns" gemacht hatte.

Die Besatzung Beck erhielt in den kritischen Tagen der Invasion der Alliierten in Nordafrika dreimal den Auftrag, die Ausschiffung in Algier und in Bougie zu stören. Die Starts wurden damals vom Fliegerkorps so angeordnet, daß wir in der Dunkelheit am Ziel sein sollten. Die Wirkung unserer Bomben konnte nicht beobachtet werden. Um navigieren zu können, bedurfte es immer wieder einiger Peilungen. Das heißt: Wir flogen blind. In der Nacht vom 10. auf den 11. November sollten wir nach dem Angriff auf Schiffe in Algier nicht direkt nach Catania zurückkehren. Der Befehl lautete: Es ist der 500 km nähere Flugplatz Elmas auf Sardinien anzusteuern. Als ich deshalb gegen 23 Uhr mit dem Peiler des unweit von Cagliari gelegenen Elmas Verbindung aufnahm, funkte der zurück, daß wir bei ihm nicht landen könnten, weil sein Platz gerade von den Engländern bombardiert werde. Auf diese Mitteilung hin entwickelte sich zwischen Leo und Ludwig, die beide nebeneinander saßen, ein Dialog. Leo: „Der Sprit reicht nicht bis Catania." Ludwig: „Die Engländer können nicht ewig bombardieren." Leo: „Unser linker Motor arbeitet nicht gleichmäßig." Ludwig: „Ich höre nichts." Leo: „Am linken Motor stimmt etwas nicht." Ludwig: „Im Notfall springen wir über Sardinien ab." Mittlerweile hatte der Peiler von Elmas mir mitgeteilt, daß zwar der Angriff der Briten beendet sei, daß man aber trotzdem bei ihm nicht landen könne, weil sich auf seinem Flugplatz mehrere Bombenkrater befänden. Kurz entschlossen entschied jetzt Leo, der Kommandant unserer Ju 88: „Wir fliegen nach Trapani. Ich kenne den Platz. Er liegt nördlich von Marsala am äußersten Westzipfel Siziliens." Den Einwand Ludwigs, daß er lieber über Sardinien als über dem Meer abspringe, ließ Leo nicht gelten. Er gab mir den Auftrag, ein qdm von Trapani anzufordern. Es herrsche ein schwacher Westwind. Dadurch werde die Flugzeit etwas verkürzt. Wenn es in Trapani ähnliche Schwierigkeiten wie in Elmas gebe, müßten wir eben dort mit unseren Fallschirmen aussteigen. Auch er, Leo, habe keine Lust, im November im Meer zu schwimmen. Der Funker von Trapani antwortete prompt. Er peilte uns sechsmal verlässig und rasch an. Wir waren offensichtlich die einzige Kundschaft, die er in dieser Nacht bedienen mußte.

Da stand die Benzinuhr vor den Ägadischen Inseln fast auf Null. Leo befahl: „SOS funken." Das ließ ich mir nicht zweimal sagen. Ich dachte „Save our souls" und morste mehrmals drei Punkte, drei Striche und wieder drei Punkte, eben SOS. Der Bodenfunker quittierte unseren Notruf. Was würde er veranlassen? Ich sah unter mir das dunkle Meer und dann eine Insel und schließlich noch zwei Inseln. Nur die Motoren vibrierten. Und dann flammten plötzlich alle Lichter des Flugplatzes auf. Willi kletterte nach oben. Alle schwiegen. Alle hatten wir Angst. Jeder dachte: „Wird das Benzin noch ausreichen?" Leo fuhr das Fahrwerk aus und setzte zur Landung an, zwar in der falschen Richtung (von West nach Ost), aber wir rollten tatsächlich am Boden. Es lief ab wie im Märchen: Unweit der Flugleitung blieben die Luftschrauben stehen. Der Treibstoff war zu Ende. Ich dankte dem lieben Gott und unserem Leo. Willi konstatierte: „Det wa ne jute Landung, awa janz knapp." Ludwig freute sich: „Was sagst jetzt, Siegfried? Das haben wir toll hingekriegt." Willi deckte unter der Assistenz Ludwigs die Ju 88 ab und verankerte sie. Beck eilte zur Flugleitung, um unsere Landung in Trapani dem Gefechtsstand der II./KG 54 zu melden. Ich organisierte Decken und einen Raum zum Schlafen. Dort legten wir uns alle auf den Boden. Gegen 7 Uhr erwachten wir. Die Maschine wurde betankt. Um 09.09 Uhr starteten wir nach Catania.

Die Besatzung Beck flog im Herbst 1942 noch manche Einsätze im Raum Bougie-Bône-Tebessa-Biskra. Unsere Ziele waren Flugplätze, Panzer und Hafenanlagen. Nicht nur einmal bewegten wir uns über dem Gelände der Schlacht von Zama. Hier hatte im Jahre 202 vor Christi Geburt Publius Cornelius Scipio Africanus Maior die Carthager unter Hannibal besiegt. Meine Gedanken an die Größe Roms vor mehr als 2100 Jahren hinderten mich freilich nicht an meiner mittlerweile zur Routine gewordenen Funkertätigkeit. Zu schießen gab es recht wenig, weil sich die Flugzeuge in den Weiten des Mittelmeeres und Nordafrikas verloren. Lediglich über dem jeweiligen Ziel versuchte die Flak, uns abzuschießen. Aber es blieb beim Versuch.

Die 6. Staffel, zu der die Besatzung Beck gehörte, wohnte in Catania im Albergo Moderno in der Via Alessi. Ludwig und ich bezogen ein Zweibettzimmer, in das für unseren wackeren rheinischen Schützen zusätzlich ein Kinderbett kam. So vornehm hatte ich mir einen Raum zum Wohnen und Schlafen für einen Soldaten nicht vorgestellt. Jeden Tag kam eine etwa 25 Jahre alte, dunkelhaarige und erfreulich üppige Cameriera, um das Zimmer zu richten. Das bedeutete, daß sich auch mein Ludwig täglich in einer für mich neuen Weise gleichzeitig mit Carla – so hieß das Zimmermädchen – um die Sauberkeit des Bodens, des Waschbeckens und der Betten bemühte. Nach dem im vierten nachchristlichen Jahrhundert lebenden Aelius Donatus gibt es fünf Stufen der sinnlichen Liebe. Sie lauten „visus, allocutio, tactus, osculum, coitus", das heißt: Blicke, Gespräch, Berührung, Kuß, Beischlaf. Keiner in der ganzen Staffel zweifelte daran, daß Ludwig unsere Cameriera durch alle fünf Phasen der Liebe geführt hat. Er selbst gestand lediglich die Blicke, die Gespräche und die Berührungen ein.

Catania bot neben vieler sehens- und berührungswerter Weiblichkeit auch andere Attraktionen. Man konnte Stoffe, Schuhe, Unterwäsche, Schmuck, Uhren und Lebensmittel, vor allem aber Orangen, kaufen. Jeden Tag kam ein Obsthändler am Albergo vorbei und rief: „Limone, arance." Dann lief ich zum Balkon und fragte: „Quanto (devo pagare) per un chilo arance?" Der Mann nannte den

Preis; ich legte das Geld in das zur Zimmereinrichtung gehörende Körbchen und ließ das ganze mit einer Schnur nach unten gleiten. Der Sizilianer wog das Obst ab, lachte und verstaute es in dem cestino. Ich zog meine Früchte nach oben und freute mich über diese Art des Einkaufens. 50 Meter vom Hotel entfernt befand sich ein Parrucchiere, von dem ich mir die Haare schneiden ließ. Ich redete mit ihm und vielen anderen Leuten zunächst in einer deutsch-italienischen Mischsprache, lernte aber dabei auf eine amüsante Weise einigermaßen italienisch. Nicht unbedingt italienisch, aber bequem waren die aus Leinen gefertigten hellbraunen Tropenuniformen, die wir im November 1942 bekamen. Wenn man allerdings bedenkt, daß Sizilien etwa 1500 Kilometer vom nördlichen Wendekreis entfernt liegt, dann könnte man das Wort „Tropenuniform" für nicht ganz zutreffend halten. Vom Hotel aus erreichte man zu Fuß leicht den Dom, den Hafen, das Kastell Ursino des Kaisers Friedrich II., das Teatro Greco, den Park der Villa Bellini und einige im Barockstil erbaute Kirchen. Die vornehmste Sehenswürdigkeit war für alle der circa 3300 Meter hohe und schneebedeckte Ätna.

Am 12. Dezember 1942 kehrte Oberleutnant Hans Schlegel, der Kapitän der 4. Staffel, von einem Angriff auf den Hafen von Bône nicht zurück. Als Nachfolger Schlegels übernahm Leutnant Leo Beck im Alter von 21 Jahren die Führung der 4. Staffel. Das bedeutete für Ludwig, Willi und mich einen Umzug in das Hotel Centrale Europa, das direkt an der Ecke von der Via Vittorio Emanuele zur Piazza del Duomo liegt. Leo, der vier Tage vor Weihnachten plötzlich auch unser Staffelchef geworden war, mußte sein Albergo nicht wechseln, weil sämtliche zwölf Offizierskameraden der II. Gruppe apartheidartig in einem benachbarten Hotel gemeinsam Quartier bezogen hatten. Unsere Rangerhöhung zur Kapitänsbesatzung brachte kleine Vorteile: Zum Flugplatz fuhr die Crew jetzt im Citroën des Kapitäns der 4. Staffel. Wir waren auch besser über Vorhaben und Möglichkeiten des KG 54 informiert. Ich avancierte zum Vertrauensmann bei der Auflösung des Gepäcks der gefallenen und vermißten Kameraden. Immer wenn Leo glaubte, daß zusätzlich zur offiziellen Benachrichtigung der Hinterbliebenen ein paar persönliche Zeilen angebracht seien, fungierte ich als Ghostwriter. Außerdem mußte ich sämtliche Briefe und Fotos der nicht mehr zurückgekehrten Staffelangehörigen verbrennen. Man befürchtete, daß eventuelle in Briefen oder durch Fotos gewissermaßen dokumentierte außereheliche Verhältnisse oder auch schockierende Bemerkungen allgemeiner Art nachträglich innerfamiliäre Verstimmungen der Angehörigen auslösen würden. Ludwig gestaltete für Leutnant Beck die Anschläge am Schwarzen Brett. Außerdem zeichnete er für die Flugbesprechungen übersichtliche Schaubilder. Wir beide, Ludwig und ich, konnten uns über eine schwache Auftragslage nicht beklagen. Trotzdem fanden wir noch Zeit, mit den Staffelfahrrädern, die wir – vollkommen korrekt – als unseren Besitz auf Zeit, nicht als unser Eigentum ansahen, in und bei Catania kleine Touren zu unternehmen.

Am 24. Dezember 1942 radelten wir zum Strand südlich der Stadt. Ludwig stoppte, entledigte sich seiner Uniform und stieg ungerührt in das frische Meer. „Komm rein, Siegfried, sei nicht feig", rief er. Also sprang ich auch ins Wasser, pantschte herum, watete alsbald zurück auf den trockenen Strand, zog meine Uniform an und wartete auf den Ludwig, der nach einigen Minuten pustend und Wasser verspritzend auf mich zulief und erklärte: „Jetzt haben wir an Weihnachten im Meer gebadet." Selbstbewußt fuhren wir zurück, um an einem reichlich profanen Kameradschaftsabend teilzunehmen. Schließlich waren wir alle betrunken. Da rief ein Feldwebel: „Jetzt taufen wir den Elefanten am Dom." Tatsächlich stand – und steht – an der benachbarten Piazza del Duomo ein Brunnen mit einem antiken Elefanten aus Lava. Zu ihm marschierten wir alle gegen Mitternacht mit unseren leeren Weinflaschen, füllten diese mit Brunnenwasser, besprizten damit das brave grau-schwarze Tier und schmückten zum Abschluß seinen Rüssel und den auf seinem Rücken postierten Obelisken mit allem möglichen und unmöglichen Krimskrams.

Im Hotel Centrale Europa, in das wir am Tag nach dieser barbarischen Weihnachtsorgie übersiedelten, gab es einen Dachgarten, auf dem sich die Angehörigen der 4. Staffel in ihren Mußestunden gerne aufhielten. In der Nachbarschaft unseres renommierten Hotels wohnte eine Familie mit einer 16jährigen Tochter namens Rosetta. Ludwig hatte sie sofort erspäht. Schließlich fungierte er bei der Besatzung Beck als Beobachter. Die zierliche und immer adrett gekleidete Rosetta übertraf die 25jährige Cameriera des Albergo Moderno bei weitem. Also war Ludwigs Sinnen und Trachten von jetzt an neben der Mathematik auf das zweifellos liebliche sizilianische Röschen mit den dunklen Haaren, den grünen, weißen oder roten Blusen und den schlanken Beinen gerichtet. Mehrmals traf er sie, angeblich rein zufällig, mit ihrer kontaktfreudigen Mutter in der Via Vittorio Emanuele und auf der Piazza del Duomo. Die etwa 40jährige Signora bot – anders als ihre zarte Tochter – das veritable Bild „kolossaler Weiblichkeit" (Heinrich Heine). Eines Tages unternahmen der unerschrockene Ludwig, die kleine ragazza und die eine spätere Eheschließung ihrer Tochter mit dem Tedesco vermutlich nicht ausschließende Mama einen Ausflug in das Landhaus der Familie am Fuße des Ätna. Immer häufiger winkte jetzt Ludwig vom Dachgarten des Hotels „seiner" Rosetta auf ihrer Terrasse zu.

An einem Spätnachmittag stieg der Beobachter der Besatzung Beck an Kaminen, freiliegenden Wasserleitungsrohren und Elektrodrähten vorbei in der Art eines Fassadenkletterers dorthin, wo Rosetta stand. Das erste derartige Rendez-vous verlief recht eigenartig: Das Mädchen zitterte; ihre Stimme versagte, vielleicht aus Angst vor dem Vater, der nichts wissen sollte, vielleicht überwältigt von dem durch Ludwig repräsentierten Phänomen „Mann". Auf jeden Fall trat unser Beobachter aus Freyung den Rückzug an, um zwei Tage später erneut zu klettern. Das Verhalten Rosettas erinnerte mich seinerzeit an die Dichterin Sappho, die um 600 vor Christi Geburt auf der Insel Lesbos wohnte. Ich wußte 1943 nur, daß es dort um einen „göttergleichen" Jüngling ging. Sappho – das war mir bekannt – habe am ganzen Körper gezittert. Schweiß sei an ihr herab gelaufen. Ihre Augen und Ohren hätten versagt. Daß mein Vergleich von Rosetta mit Sappho und von Ludwig mit einem griechischen Bräutigam vor allem hinsichtlich der Motivation Sapphos falsch war, spielte in Catania keine Rolle. Vielmehr dachte ich: Wenn schon die in Sachen Erotik höchst kundige Lesbierin zitterte, warum dann nicht auch Rosetta? Aber bei aller klassischen Verklärung des Verhältnisses zwischen der sizilianischen ragazza und dem Beobachter der Besatzung Beck würde ich von einem Vergleich Ludwigs mit einem Gott lieber Abstand nehmen, obwohl er mit seinem Charme nicht nur Russinnen, Ukrainerinnen und Französinnen, sondern, wie man sah, auch Italienerinnen beeindruckte. Die Romanze zwischen Ludwig und Rosetta fand ihr Ende erst mit der Besetzung Siziliens durch die Alliierten im Juli 1943.

Catania war ein katholisch geprägter Ort. Keinem Angehörigen der II./KG 54 konnte verborgen bleiben, daß Sant'Agata von allen Einwohnern als Schutzpatronin verehrt wurde. Sie bewahrte die Stadt vor den Lavaströmen des Ätna, vor Feuersbrunst und vor Kriegsschäden jeder Art. Die kleine Agathe, eine hübsche Tochter vornehmer Eltern im antiken Catana, war um 250 nach Christi Geburt von dem heidnischen Statthalter Quintianus zur Frau begehrt worden. Das Mädchen, welches sich bereits zum Christentum bekannte, hatte jedoch die Ehe mit dem Praetor Siziliens, der die alten Götter Roms verehrte, abgelehnt. Der ob dieser Zurückweisung erzürnte Quintianus ließ nach der Erzählung von Jacobus de Voragine die Brüste der jungen Agathe abschneiden. Einige Zeit später soll die glaubenstreue Christin auf spitze Scherben gelegt und mit glühenden Kohlen so lange gequält worden sein, bis sie starb. Während ihrer Beisetzung habe – so erzählten die Leute – ein weiß gekleideter Jüngling eine Tafel in ihr Grab gelegt. Auf dieser stand, daß sie als Heilige die Rettung ihrer Heimat von Gott erreichen könne. Quintianus aber sei von zweien seiner eigenen Pferde mit den Hufen so geschlagen worden, daß er starb. Man habe seinen Leichnam nie mehr gefunden.

Alle Sizilianer kannten diese gerade wegen seiner grotesken und phantasievollen Darstellung wichtige Erzählung. Daß wir, die Soldaten der deutschen Luftwaffe, seinerzeit von ihr nichts oder nur recht wenig wußten, ist normal. Bei einer Diskussion wäre die Legende von der heiligen „Agata" rundweg als Aberglaube abgetan worden; denn die nach der Aufklärung lebenden Generationen haben eben weithin den Sinn für die narrative Form der Glaubensvermittlung verloren. Leutnant Beck handelte auf jeden Fall bei unseren Fahrten zum Flugplatz am Friedhof Catanias vorbei so, wie es den Empfindungen der Sizilianer entsprach. Auffallend oft, wenn wir uns am Nachmittag vor einem Feindflug im offenen Citroën dem Camposanto näherten, erschien auch ein Leichenzug. Da trat Leo jedesmal auf die Bremse, wartete und salutierte im Sitzen mit der rechten Hand an der Schirmmütze. Dieses Verhalten haben die Italiener als menschliche Geste anerkannt. Ob allerdings Leutnant Beck nur aus Pietät das Auto anhielt und grüßte, oder ob er unterschwellig vielleicht aus einem gewissen Aberglauben heraus auf den Trauerkondukt reagierte, sei dahingestellt. Vor einem Feindflug, bei dem immer der Verlust des eigenen Lebens drohte, konnte der Anblick eines Sarges als negatives Omen empfunden werden.

Da unsere Feindflüge bisweilen erst während der Nacht, etwa um 22.30 Uhr oder um 01.47 Uhr begannen, war nachmittags des öfteren Bettruhe angeordnet. Ich nahm dies nie recht ernst. Am 13. Februar verließ ich nicht nur das Bett, sondern auch das Hotel. Da hieß es: „Start um 17.15 Uhr." Aber ausgerechnet der Funker des Kapitäns blieb unauffindbar. Sofort schickte Leo den UvD der 4. Staffel in das relativ nahe und von ziemlich vielen Angehörigen des KG 54 frequentierte Bordell Catanias, um „den Wittmer" zu holen. Der UvD tat nichts lieber als das; denn er mußte ja alle diensthabenden Damen einzeln befragen. Diese hielten den wackeren UvD mit seiner Dienstschnur für einen besonders potenten Kunden; weshalb sie ihm sogleich die verlockendsten Angebote offerierten. Die Schwierigkeiten lagen – wie uns besagter UvD mit dem Vornamen Hans später auf der Hotelterrasse erklärte – im sprachlichen Bereich. Der den sizilianischen Dirnen und ihren deutschen Kunden gemeinsame Wortschatz beschränkte sich im wesentlichen auf gewisse Körperteile, sexuelle Praktiken, einige Zahlen, etliche Zeitbegriffe, die Wörter „gut, nix, ja, no, Kamerad" und die Reduplikation des eigentlich gar nicht existierenden Verbums „luggi". Dieses Zeitwort bedeutete soviel wie „lugen", auf englisch „to look", wurde aber sowohl als Infinitiv als auch als Imperativ als auch als Indikativ gebraucht. Weil nun der Hans den Mädchen verdeutlichen wollte, daß er seinen Kameraden Siegfried suche, rief er: „Ich Kamerad Siegfried luggi luggi." Die leicht geschürzten Damen verwechselten prompt Subjekt und Objekt. Sie dachten, er (der Hans) heiße Siegfried und wolle noch weitere Nuditäten betrachten. Dabei machten sie ihm eindeutige Avancen. Doch der UvD öffnete die Türen einzelner Chambres séparées, schloß sie wieder und rief, als er keinen Siegfried fand: „Oggi nix. Ich luggi luggi domani."

Wo war er nun wirklich gewesen, der nicht nur bettflüchtige, sondern auch keusche Unteroffizier Wittmer? Er hatte, wie er nachträglich beteuerte, nur eine Uhr und einen Anzugstoff erworben. Leutnant Beck kommentierte ein paar Tage später gegenüber meinem Freund Ludwig: „Wenn er schon wegging, dann hätte er doch wenigstens das Püffchen besuchen können. Dort wäre er schnell gefunden worden." Ludwig nickte wissend: „Ja, der Siegfried." Also flog die Besatzung Beck am 13. Februar mit einem Ersatz aus der 5. Staffel gegen den Feind. Die Kameraden der 4. Staffel und darüber hinaus der ganzen II. Gruppe lachten noch tagelang über den Dienstgang unseres UvD am 13. Februar. Hans hätte eigentlich vor seinem nicht unproblematischen Verlassen des Kasernenbereiches – in diesem Fall des Albergo Centrale Europa – in dem als „Schreibstube" benutzten Hotelzimmer anschreiben müssen, wo er zu finden sei. Weil ihm aber die schriftliche Fixierung seiner Tätigkeit zu kühn erschien, meldete er sich nur mündlich beim Hauptfeldwebel „in den Puff" ab. Der wünschte dem UvD gute Verrichtung. Dabei lachte er. Die Empfindungen Leos am Tag nach dem 13. Februar waren gespalten. Einerseits ärgerte er sich über mich, andererseits tolerierte er durchaus manche Schrägheiten seines Beobachters und seines Funkers. Aber meine Insubordination drang an die Ohren des Kommandeurs der II./KG 54, des Majors Richard Taubert. Der verlangte von dem zu Milde neigenden Leutnant Beck, daß er den Unteroffizier Wittmer endlich bestrafe. Fünf Tage „Bau" seien das mindeste, was hier in Frage komme.

Also bezog ich einige Zeit später während einer technisch bedingten Flugpause der Besatzung Beck fünf Tage lang eine Zelle des Gefängnisses von Catania. Die Italiener hatten dort der deutschen Wehrmacht einen ganzen Gebäudetrakt zur Verfügung gestellt. Es hinterläßt doch einen gewissen Eindruck, wenn man in einem Gefängnis „sitzt", wenn man nachts auf einer Holzpritsche schläft, wenn das Essen lediglich aus Wasser und Brot besteht, wenn es nur am dritten Tag einen Teller Suppe gibt, wenn aus den Schuhen die Schnürsenkel entfernt werden und wenn der Gefängniswärter – in Catania war es ein Oberfeldwebel – die Hosenträger abnehmen läßt. Als Lektüre erlaubt waren entweder ein Neues Testament oder Adolf Hitlers „Mein Kampf" oder ein Sachbuch. Ich bevorzugte das letztere, nämlich eine Broschüre mit dem Titel „Learning English". Ich frischte auf jeden Fall in diesen fünf Tagen meine Sprachkenntnisse auf. Dies schien mir wichtig für den Fall, daß ich irgendwo und irgendwann einmal den Krieg als „prisoner of war" beenden würde. Mein treuer Ludwig besuchte mich bereits am zweiten Tag.

Seine Visite begründete er dem Gefängnischef gegenüber mit der Notwendigkeit, mir Karten- und Funkunterlagen für die Einsätze im östlichen Mittelmeer zu überreichen. Die bekam ich auch. Aber die in seinen Taschen verborgenen Apfelsinen, die er mir eigentlich hatte zustecken wollen, wurde er nicht los; denn der Oberfeldwebel wich nicht von seiner Seite. Also zog sich Ludwig mit den für mich bestimmten Orangen wieder in das Hotel Centrale Europa zurück. Ich aber suchte von neuem meine Zelle auf, ohne Apfelsinen, mit einer Mittelmeerkarte und mit dem Wissen, daß Ludwig ein guter Kamerad war. Mit meiner im Soldatenjargon „Bau" genannten Strafe stand ich freilich nicht allein; denn jedes Mitglied der Besatzung Beck – einschließlich des namengebenden Leutnants Beck – kassierte irgendeinmal eine ähnliche Strafe. Als Offizier bezog Leo allerdings nicht den „Bau". Für ihn kamen Zimmerarrest, Besoldungsabzug und Strafversetzung in Frage. Gesunde Buben und junge Männer gewöhnen sich nur relativ spät an die in jeder Gemeinschaft unabdingbare Ordnung. So auch wir, die Besatzung Beck. Die deutsche Wehrmacht tilgte alle Strafen, die sich im normalen Rahmen hielten, nach zwei bis drei Jahren. In den Personalpapieren wurden dann die entsprechenden Einträge mit schwarzer Tusche so übermalt, daß man sie nicht mehr lesen konnte.

Im Januar 1943 kam die Besatzung des Leutnants Andreas Berchtold mit dem Beobachter Karl Gruner von der IV. Gruppe in Grottaglie bei Tarent zur II. Gruppe. Karl, der als neuer Angehöriger der 4. Staffel das Albergo Centrale Europa bezog, zeichnete sich durch mannigfache Interessen aus. Er verstand beachtlich viel von der Technik, besaß eine deutsche Odyssee-Übersetzung und gab sich – ernst wie er manchmal sein konnte – nicht mit vordergründigen Erklärungen zufrieden. Wenn sich Karl mit einem Problem befaßte, dann vergaß er trotz seines verbindlichen Wesens alles, was um ihn herum vorging. Als ich ihm irgendeinmal erzählte, daß ich beim Beichten gewesen sei, warf er ein: „Bei der Luftwaffe gibt es doch keine Militärgeistlichen." Ich entgegnete: „In Catania kann man ohne sonderliche Mühe einen Priester finden, der zur Abnahme des Sündenbekenntnisses bereit ist." Karl insistierte weiter: „Verstand dein Beichtvater überhaupt deutsch?" Ich erwiderte: „Ich habe lateinisch gebeichtet. Die katholischen Priester verstehen mein Latein ohne weiteres." In seiner höflichen Art erhob Karl zum Thema „Beichte" keine weiteren Einwendungen.

Er selbst war zwar von einem evangelisch-lutherischen Pfarrer getauft und konfirmiert worden, lebte aber mit seinen 21 Jahren kirchenfern. Karl lehnte Heiligenlegenden rundweg ab. Wenn ich jedoch dozierte, daß alles eine Ursache haben müsse und Gott als erste Ursache am Anfang jeglichen Seins stehe, dann gefiel ihm das. Er warf jedoch ein, daß der Glaube an Gott nicht unbedingt an eine Organisation gebunden sei. Der von mir im Verlauf unserer Diskussion beigezogene Begriff „Gottesbeweis" war natürlich falsch. Doch das wußte ich seinerzeit noch nicht. Erst beim Studium im Herbst 1945 wurde mir klar, daß sich beweiskräftige Aussagen über ein Unendliches, in diesem Falle über Gott, von seiten eines Endlichen, das heißt eines Menschen, rundweg verbieten. Karl verhielt sich reserviert, als ich ihm verdeutlichen wollte, daß praktisch alle Menschen einer konkreten Vorstellung von Gott und seinem Eingreifen in die Welt bedürften. Ja, er widersprach mir lebhaft, als ich erläuterte, daß sich die Menschen am besten im Rahmen der von der katholischen Kirche gefeierten Feste und der von ihr vermittelten Sakramente Gott nähern könnten. Ich diskutierte gern mit dem aus Bammental bei Heidelberg stammenden Karl; denn er argumentierte im besten Sinne des Wortes kritisch. Daß man Karl vertrauen konnte, zeigte sich bei unseren Gesprächen über den Kriegsverlauf. Meine Zweifel an einem Sieg der Deutschen teilte er zwar nicht, aber er behandelte meine Ansichten diskret. Außerdem versuchte er nicht, mich von meiner Überzeugung abzubringen.

Die hier nur angedeuteten Dialoge ergaben sich zufällig zeitgleich mit dem Beginn der Tagesangriffe der US-Airforce auf Ziele in Deutschland, mit der ersten radargesteuerten nächtlichen Bombardierung Hamburgs durch die Briten, mit der Kapitulation der 6. deutschen Armee in Stalingrad, mit der Casablanca-Konferenz zwischen Roosevelt und Churchill vom 14. bis zum 26. Januar 1943, mit der vielleicht schrecklichsten Rede des Reichsministers für Volksaufklärung und Propaganda Dr. Joseph Goebbels am 18. Februar 1943 in Berlin und mit der zweiten Flugblattaktion der Geschwister Scholl am gleichen Tag in München.

Daß die Briten ab Januar 1943 mit einem Radio for detecting and ranging (Radar) H2S im Längenbereich von 9 cm flogen, das sie ein paar Monate später durch das vollautomatische Bombenzielgerät Mark IV ablösten, war mir damals unbekannt. Auch von der Casablanca-Konferenz wußte ich seinerzeit nichts. Die Goebbelsfrage vom 18. Februar: „Wollt ihr den totalen Krieg?" konnte ich freilich nicht überhören. Irgendwer hatte das Radio eingestellt. Bewegt hat dieser Goebbels allerdings weder den Ludwig noch den Willi noch den Karl noch mich. Leo äußerte sich zur Politik überhaupt nicht. Ob ich 1943 etwas von der Hinrichtung der moralisch integren Geschwister Scholl gehört habe, weiß ich nicht mehr. Mit Sicherheit empfand ich später, nach entsprechenden Informationen, Hochachtung vor ihnen. Ich diskutierte mit Karl damals nicht über Hitler und seine Partei. Es ging uns seinerzeit lediglich um die Situation nach den Erfolgen der Alliierten und der Sowjets gegenüber dem Deutschen Reich im Jahre 1943.

Die mit der Luftwaffe vorgegebenen Besonderheiten haben mich und meine Kameraden deutlich beeinflußt. Wir wohnten separiert in Zelten oder auf Flugplätzen oder in Hotels. Nach jedem Start blickten wir nach unten aus einer sozusagen erhabenen Perspektive. Nicht die Waffen, sondern die Motoren, die Festigkeit der Tragflächen, die Navigations- und Funkgeräte, die Fallschirme, die Karten und die Wetterprognosen standen im Mittelpunkt unseres dienstlichen Interesses. Anders als Hans Scholl und anders als die große Mehrheit der Soldaten des Heeres erlebten wir, die Besatzung Beck, und darüber hinaus alle Kameraden der II./KG 54 den Krieg reichlich distanziert. Mit dem eigentlich Schrecklichen kamen wir direkt nicht in Berührung. Wirklich ernsthaften Gefahren für Leib und Leben waren wir nur während einzelner Phasen der Feindflüge, dann allerdings konzentriert, ausgesetzt.

Jede Luftwaffe hat viel mit Technik zu tun. Das Wort leitet sich bekanntlich von dem griechischen Substantiv „Téchne" ab. Diese Vokabel bedeutet nicht nur konkret „Kunsterzeugnis", sondern vor allem abstrakt „Kunstgriff, Gewandtheit, List, richtiges Abschätzen von Gefahren". Jedes einzelne Mitglied der Besatzung Beck besaß in diesem Sinne „Téchne". Mehrmals brach Leo einen Flug wegen einer Motorstörung ab. Er hatte tatsächlich ein Gespür für technische Feinheiten, die weder Ludwig noch Willi noch ich wahrnahmen. Leutnant Beck war im positiven Sinn des Wortes sensibel. Zunächst dachte ich, mein Flugzeugführer sei nicht der Mutigsten einer. Richtig ist auf jeden Fall, daß ihm die Verwegenheit nicht lag. Aber gerade deswegen war Leo tapfer; denn er bewegte sich genau in der Mitte zwischen der für jeden Menschen notwendigen Angst und der allen gesunden Jünglingen eigenen Courage. Courage ohne Angst führt zum blinden Draufgängertum, Angst ohne Courage zur Feigheit.

Am 26. März 1943 senkte sich zwischen Sizilien und Sardinien in einer Höhe von gut 6000 Metern plötzlich unsere Ju 88. Leo hatte ohne jegliche Ankündigung einen Looping nach vorne eingeleitet. Meine Füße waren kurzfristig oben, der Kopf unten. Anschließend drehte Leutnant Beck in einer Höhe von rund 5000 Metern einfach eine Rolle. Erst hinterher klärte uns Leo auf: Ein Ingenieur der Firma Junkers habe vor kurzem für die Flugzeugführer der II./KG 54 einen Vortrag über Loopings, Rollen und Trudeln mit der Ju 88 gehalten. Dabei sei deutlich geworden, daß man mit Hilfe einer gewissen Flugakrobatik sowohl der Flak als auch den feindlichen Jägern entwischen könne. Ein Testpilot habe die Loopings, die Rollen und das Trudeln südlich von Catania vorgeführt. Alle Flugzeugführer – so hieß es – könnten entsprechende Versuche bei der Rückkehr von einem Feindflug allein über dem Meer durchexerzieren.

Im Anschluß an die beiden ersten von Junkers empfohlenen und von uns mit Staunen registrierten Manöver konstatierte Leo: „Die Ju 88 ist kunstflugtauglich." Der stets zu verwegenen Abenteuern aufgelegte Ludwig aber drehte sich nach dem Looping und der Rolle zu mir um, lachte über das ganze Gesicht und fragte: „Gell, da hast Angst g'habt, Siegfried?" Ich dachte: „Mir reicht's." Leo aber kündigte an: „Jetzt fliegen wir heim." Dafür, daß Leutnant Beck nicht allein die richtige Balance zwischen Furcht und Verwegenheit einhielt, kann als Beispiel Leutnant Andreas Berchtold gelten. Karl, sein Beobachter, erzählte mir einmal, daß auch bei ihm der Flugzeugführer immer genau auf den Motor hörte, darüber hinaus aber vor jedem Angriff betete und in seiner Uniformjacke stets eine Bibel bei sich trug. Natürlich warf auch er trotz feindlicher Flak- oder Jägerabwehr die Bomben auf das Ziel. Aber er stürzte sich und seine Besatzung nicht wie ein Kamikazeflieger in den Tod. Genauso wie Leutnant Beck war auch Leutnant Berchtold tapfer.

Die Ziele unserer Feindflüge in den ersten vier Monaten des Jahres 1943 waren vorwiegend Flugplätze, Hafenanlagen und Schiffe nördlich der Linie Algier – Waha in Libyen. Dort, wo nach Horaz „das Meer an die barbarischen Syrten braust", das heißt nordwestlich von Bengasi, wollte uns an einem Spätnachmittag sofort nach dem Bombenwurf auf britische Tanker ein Jäger mit dem runden Hoheitszeichen allen Ernstes außer Gefecht setzen. Dieser Kamerad der Royal Airforce konnte ja nicht wissen, daß in Catania eine Rosetta auf Ludwig wartete. In dieser fatalen Lage bewährte sich wieder einmal unsere alte Taktik: Den Jäger bis auf etwa 400 Meter herankommen lassen, plötzlich nach links abdrehen, einen neuen Anflug des Piloten bis auf Schußdistanz riskieren, brüsk nach rechts wegziehen, sich in Wolken verstecken. Aber der Bursche blieb hartnäckig. Als wir durch den ersten Kumulus hindurch nach oben stießen, kam er schon wieder angepresct. Der Royal-Airforce-Pilot hatte uns recht geschickt aufgelauert; denn er wußte, daß wir nicht ewig in der Wolke bleiben konnten. Also begann die Kurbelei von vorne. Allerdings verlor der Brite jetzt die Geduld. Er schoß in der Kurve und konnte daher nicht treffen. Willi und ich erwiderten das Feuer und verfehlten vermutlich ebenso wie unser forscher Gegenspieler das Ziel. Dann durchquerten wir eine zweite Wolke. Alle erwarteten wir eine dritte Attacke. Aber unser Verfolger kam nicht mehr.

Nach einem Angriff der Besatzung Beck auf den Flugplatz Souk el Arba in Tunesien am 18. April 1943 hatte sich plötzlich am Flugplatz Catania hinter uns ein britischer Nachtjäger eingemogelt. Daß er uns beim Landeanflug um Mitternacht partout erledigen wollte, fand ich nun gar nicht schön. Also rief ich: „Jäger hinter uns." Leo reagierte sofort. Er zog das Fahrwerk ein und startete durch. Die deutsche Flak legte ein Sperrfeuer vor den Briten, der seinerseits erfolglos in die Richtung unserer Ju 88 schoß. Bei unserem zweiten Landemanöver gab es kein MG- und Kanonenfeuerwerk mehr. Der Brite blieb für uns unsichtbar. Irgendwie haben wir ihn bewundert. Dabei darf man nicht außer acht lassen, daß deutsche Jäger genauso tapfer auf englischen Flugplätzen britische Bomber bei der Landung angriffen.

Die Besatzung Beck hatte vom 19. Februar bis zum 10. März 1943 fast drei Wochen Heimaturlaub gehabt. Jeder von uns nahm eine große Kiste Apfelsinen mit nach Hause. Meine Eltern und meine Tante empfingen mich wie einen Helden. Mittlerweile hatte ich den Ehrenpokal der deutschen Luftwaffe und die Frontflugspange in Gold erhalten, so daß man sich mit mir trotz vieler Vorbehalte wegen der Politik Hitlers durchaus sehen lassen konnte.

Eineinhalb Monate später wurde Leutnant Beck zum Verbandsführerlehrgang nach Tours abkommandiert. Das bedeutete, daß auch

Ludwig und ich mit der Ju 88 B3-SM vom Ätna an die Loire umzogen. Ich verstaute zusätzlich zu meinem Gepäck wieder eine Kiste Orangen und außerdem ein ganzes Paket mit Ministrantenröcken für irgendeine Pfarrei in Wien an Bord unserer Maschine. Um den Transport der liturgischen Kleider war ich von einem im Norden Wiens beheimateten Sanitäter der II./KG 54 ersucht worden. Dieser fromme Wiener hatte die für den Dienst am Altar bestimmten „G'wandln" während eines Aufenthaltes in Rom nach einer Audienz bei Papst Pius XII. geschenkt bekommen. Aber auch Leutnant Beck erschien mit einem Gepäckstück. Es handelte sich um eine absonderliche Pappschachtel mit Löchern im Deckel. In diesem großen Karton befanden sich Puten, die Hauptmann Horst Bressel in Catania erstanden hatte. Die Tiere sollten in einer Bratrein in München landen. Die Truthennen flogen auf dem unbesetzten Platz des Bordschützen in der Bodenwanne mit. Als problematisch empfand ich lediglich den von dem Federvieh in der Ju 88 erzeugten Geruch. Am 24. April 1943 landete die Dreiviertelbesatzung Beck nach einem reizvollen Flug über Kalabrien und den Apennin, über die Po-Ebene und die Alpen hinweg in München-Riem.

Während der vier Stunden, die wir bis nach Bayern benötigten, meldete ich mich über Funk in Catania ab, kontaktierte sowohl mit Foggia als auch mit Bergamo und kündigte über Südtirol unsere Ankunft in München an. Die Gleichzeitigkeit von Catania und Kalabrien oder von Südtirol und München, die 1943 nur der Bordfunker unmittelbar erlebte, hat mich fasziniert. In Riem sollte unsere Ju 88 überholt werden, so daß wir erst drei Tage später nach Frankreich weiterfliegen konnten.

Leo fragte Ludwig und mich, ob wir für zwei Tage in die Heimat fahren wollten. Als Chef der 4. Staffel könne er uns einen Urlaubsschein ausstellen. Er selbst werde in München bleiben. Natürlich wollten wir zu unseren Eltern fahren. So kam ich nach dem relativ langen Urlaub im Spätwinter jetzt, im Frühjahr, schon wieder in Nördlingen an. Das ganze behagte sowohl mir als auch ganz besonders meinem Vater. Am Morgen war ich noch in Sizilien gewesen, am späten Abend stand ich mit einer Kiste Apfelsinen und einem

Paket voller päpstlicher Ministrantengewänder vor der elterlichen Wohnungstüre. Im Verlauf eines Gespräches klagte meine Mutter: „Der ganze Krieg ist scheußlich." Mein Vater ergänzte: „und verloren." Ich stimmte ihm zu. Immerhin hatte die II./KG 54 vom 27. Oktober 1942 bis zum 24. April 1943 ganze 14 Besatzungen oder – anders ausgedrückt – 56 Kameraden mitsamt ihren Ju 88 verloren.

Das bedeutete ein Minus von 50 Prozent des fliegenden Personals innerhalb von sechs Monaten. Die 56 von ihrem Feindflug nicht mehr zurückgekehrten Männer waren entweder tot oder in Gefangenschaft geraten. Die meisten galten als vermißt. Überdies mußte die II./KG 54 den Verlust von weiteren zwölf Maschinen beklagen. Deren Besatzungen hatten sich teils nach Fallschirmabsprüngen, teils nach Notwasserungen, teils nach irgendwelchen Bruchlandungen wieder bei uns zurückgemeldet. Insgesamt mußten nach einem halben Jahr Luftkrieg von Catania aus 93 Prozent aller Ju 88 der II./KG 54 ersetzt werden. Hinsichtlich des nicht mehr übersehbaren Dreifrontenkrieges (Angriffe der Royal Airforce auf Ziele in Deutschland; Sowjetunion; Nordafrika) waren mein Vater und ich einer Meinung. Über die militärische Lage im Osten und im Süden wußten meine Eltern ziemlich genau Bescheid. Die Auswirkungen des Luftkrieges spürten sie auf jeden Fall indirekt; denn sie mußten zuerst ein Mädchen aus Hamburg, später einen Buben aus Berlin in ihrer Wohnung aufnehmen.

Vor meiner Rückfahrt nach München-Riem wies ich darauf hin, daß sowohl Nördlingen als auch Schwäbisch Gmünd auf unserem Kurs nach Tours lägen. Zwischen 14 und 16 Uhr könne man am nächsten Tag vielleicht eine Ju 88 mit der Aufschrift B3-SM über dem Zeitblomweg sehen. Frohgemut starteten wir am 27. April um 14.25 Uhr in München. Leo hatte sich – vorausschauend wie er war – reichlich Toilettenpapier besorgt. Mit ihm wollte er zunächst im Ries, später auch im Remstal unsere Besuche markieren. Und siehe da, gegen 14.45 Uhr brausten wir in etwa 60 m Höhe über unseren Garten in Nördlingen hinweg. Mein Vater stand schon bereit. Ludwig warf eine Klo-Rolle aus dem Fenster. Der Effekt war phänomenal. Für kurze Zeit schwebte eine Papierschlange nach unten. Leo fragte: „Woll' ma noch mal?" Wir wollten. Nach einer 360°-Kurve an Pflaumloch, Holheim und Reimlingen vorbei folgte ein neuer Anflug. Jetzt stand die Familie Sappl komplett im Hof. Alle winkten. Ludwig entrollte das zweite Klopapier. Das alles war verboten, aber schön. Der Reiz der Jugend besteht eben auch darin, daß man ab und zu das tut, was man eigentlich nicht tut. Also machten wir uns auf ins Remstal. Nach kurzer Zeit erblickten wir Schwäbisch Gmünd, die Heimat des Leutnants Leo Beck. Über dem Höferlesbach senkte Ludwig die dritte Rolle und nach einer entsprechenden Kurve auch die vierte Rolle ab. Die Eltern Leos winkten voller Freude. Wir aber flogen nach dem zweckentfremdeten Verbrauch des Toilettenpapiers schnurstracks nach Tours, wo wir um 17.02 Uhr landeten.

Ich empfand die Touraine rundweg als schön. Aus der Vogelperspektive sahen wir die Schlösser Chambord, Chenonceaux und Amboise. Zu Fuß besuchte ich das Grab des heiligen Martin, dachte an das Jahr 732, in dem Karl Martell die Araber besiegt hatte, und bummelte langsam durch die Stadt. Jeder Franzose benahm sich uns gegenüber fair. Ich unterschied mich von den Einwohnern von Tours auf jeden Fall durch die Kleidung und die Sprache. Immer, wenn ich mit meinem durch Germanismen verfremdeten Französisch zu reden begann, schmunzelten die Leute und halfen mir. Sie liebten das ruhige und zweckfreie Gespräch, honorierten mein Bestreben, mich in ihrer Sprache auszudrücken, und übersahen meine Uniform. Später erst wußte ich, daß die Vorfahren der meisten Franzosen teilweise die gleichen sind wie die nicht weniger Deutscher: Kelten (Gallier), Römer und Germanen. Der Name „la France" leitet sich eben vom Stamm der „Franken" ab. Ludwig und ich kauften Kirschen, beschäftigten uns eingehend mit den jeunes filles, sicher auch mit der einen oder anderen fille de joie, und waren glücklich. Aber wir gingen nicht so weit wie unser Leo, der in einer Mainacht, voll des süßen Weines, mitten in Tours im Adamskostüm in einen Löschwasserteich stieg. Er war begleitet von anderen Offizierskameraden, die gleich ihm zum Oberleutnant befördert werden wollten, um dann endgültig als Kapitäne einer Staffel vorzustehen.

Deren Ausbildung in Tours gliederte sich einerseits in einen theoretischen Teil mit den Themen Dienstrecht, Menschenführung und Motorenkunde, andererseits in einen praktischen Teil. Deshalb wurde jeden Tag geflogen. Man übte den Verbandsflug, Angriffe bei Nacht, Sturzflüge sowohl mit der Ju 87 als auch mit der Ju 88, das Bombenwerfen und den Einmotorenflug.

Am 23. Mai 1943 starteten wir von „unserem" Flugplatz, um in dem südlich der Loire und unweit von Chinon gelegenen Truppenübungsplatz Zementbomben auf ein markiertes Ziel zu werfen. Aber es kam zu einem Zwischenfall im eigentlichen Sinn des Wortes. Unser Ludwig betrachtete die vor uns liegende Stadt, bückte sich nach der Seite, stieß unbeabsichtigt an irgendeinen Bombenschalter, und schon fielen zwei Zementbomben ausgerechnet auf den Platz vor der Kathedrale. Fußgänger liefen auf und davon. Ein Radfahrer sprang von seiner bicyclette und legte sich glatt auf den Boden. Dabei verlor er seine Baskenmütze. Das ganze war peinlich. Leo veranlaßte eine Entschuldigung des Lehrgangsleiters beim Maire im Hôtel de ville. Freilich, der höchst bedauerliche Vorfall konnte nicht mehr ungeschehen gemacht werden. Weil aber die Geschichte nicht einer gewissen Komik entbehrte, haben wir trotz allem in unserer Ju 88 herzlich gelacht.

Am 3. Juni 1943 war der Verbandsführerlehrgang erfolgreich beendet. Leo wurde gleichzeitig zum Oberleutnant befördert. Dann erfuhren wir, daß unsere II./KG 54 jetzt zur Auffrischung in Wien-Aspern lag. Die II. Gruppe hatte nämlich während des Aufenthaltes der Besatzung Beck in Tours zusätzlich zu den 14 Totalverlusten zwischen Oktober 1942 und April 1943 noch vier weitere Ausfälle beklagen müssen. Die Auffrischung bestand zunächst in der Zuweisung von neuen Maschinen, dann aber auch in der Schulung von 18 jungen Besatzungen, die unser Leo Beck verantwortlich leiten sollte. Also starteten wir am 4. Juni 1943 in Tours und landeten nach einem Zwischenstop in Stuttgart-Echterdingen tags darauf in Wien.

Dort erfuhr die Besatzung Beck, daß sie wieder einen neuen Bordschützen benötige. Willi Weinmann hatte sich während unseres Verbandsführerlehrganges in Tours im Hafenviertel von Catania einigen der dort möglichen sexuellen Ausschweifungen hingegeben. Bald darauf stellte sich heraus, daß er seit 15 Tagen an einer Gonorrhoe litt. Also lag er jetzt in einer dermatologischen Klinik. Beim KG 54 bediente man sich freilich einer eher vulgären Ausdrucksweise. Die dermatologische Klinik hieß „Ritterburg", die Gonorrhoe „Tripper", was eigentlich „Tropfer" bedeutet. Weil unser Josef, der Kuhschütze des Jahres 1941 und Mondscheinwerfermann von 1942, bereits zweimal, Willi, der „jute" Schütze aus dem Rheinland schon zum dritten Mal als Tripperkranke in Erscheinung getreten waren, mußte sich die Kapitänscrew mit Nachdruck dagegen verwahren, als „Tripperbesatzung" abqualifiziert zu werden. Ludwig und ich mochten vielleicht manchmal den Eindruck erwecken, zwar nicht gerade arme, aber doch irgendwie durchtriebene Tröpfe zu sein; tripperige Tropfer waren wir bestimmt nicht. Obgleich Willi forderte, man solle um seine neuerliche Gonorrhoe kein „Gedöns" machen, waren Leo und Ludwig und ich der Meinung, daß eine Kapitänsbesatzung tripperfrei sein müsse.

Also sah sich Oberleutnant Beck im KG 54 nach einem Bordschützenersatz um. Schließlich fand er ihn in der Person Helmut Müllers aus Neuß. Dieser junge Gefreite kam eines Tages auf Ludwig und mich zu, lachte frisch und erklärte: „Ich bin Ihr neuer Schütze." Ludwig erwiderte: „Dann schieß nur schön." Ich ergänzte: „Du kannst zu uns ruhig du sagen." Dann hob Ludwig den rechten Zeigefinger und stellte lachend fest: „Wir sind eine moralisch einwandfreie Besatzung. Bei uns mußt du dich zusammenreißen." Helmut – das sei vorweggenommen – entsprach durchaus dem sittlichen Standard der Besatzung Beck. Überdies erwies er sich als rheinische Frohnatur. Er war kräftig, groß, blond und unkompliziert. Sicherlich traute ich unserer Neuerwerbung ähnliche erotische Abenteuer zu wie dem Ludwig. Die Kontaktaufnahme von Soldaten mit jungen Mädchen war und ist eben immer alters- und standesrichtig. Wenn Ludwig und Helmut bei ihrem Werben um die Gunst weiblicher Wesen mehr Phantasie entwickelten als andere Kameraden, dann verdienten sie nur Anerkennung. Daß Helmut mir gleich bei unserer ersten Begegnung beibringen wollte, daß Neuß zur Zeit der Römer

„Novaesia", nicht „Novaesium" hieß, habe ich ihm schnell verziehen. Kurz und gut: Mit Helmut Müller hatte sich die Besatzung Beck aufs trefflichste regeneriert. In Wien blieb die II./KG 54 dreidreiviertel Monate. Während dieser Zeit führte die Besatzung Beck den Neulingen Navigations- und Angriffsflüge vor.

Für den seinerzeitigen Gruppenkommandeur Hauptmann Horst Bressel stellte sich die Frage: Was macht man mit den „alten" Besatzungen, wenn sie nicht Flugdienst haben? Wie können die in vielen Frontflügen bewährten, aber auch zu zivilem Benehmen neigenden Unteroffiziere, Feldwebel und Leutnants sinnvoll beschäftigt werden? Bressel sah vier Möglichkeiten. Als erste den Einsatz in laufbahnfremden Funktionen. Hier ergaben sich weder für Ludwig noch für mich wesentliche Probleme. Kunstfertig wie er war, zeichnete Ludwig für alle drei Staffeln der II. Gruppe Pläne und Schaubilder. Außerdem reparierte er elektrische Anlagen aller Art. Ich tippte für Leo Manuskripte auf der Schreibmaschine und half bei der Abfassung von Briefen an vorgesetzte Dienststellen. Helmut bewährte sich als Putzer bei Offizieren und Feldwebeln.

Eine aktive Freizeitgestaltung war die zweite Möglichkeit, die nahezu viermonatige Auffrischung sinnvoll auszufüllen. Also fuhren Ludwig und ich für ein paar Tage nach Bayreuth, um als „Gäste des Führers" in dem Festspielhaus, das mir wie ein überdimensionierter Stadel erschien, die „Meistersinger" von Richard Wagner zu hören. Während der Oper bin ich ebenso wie einige Soldaten in meiner Nachbarschaft zeitweise eingenickt. Dem bayerischen König Ludwig II. und dem Alleinherrscher Adolf Hitler wohnte offensichtlich ein anderes Lebensgefühl inne als mir. Bald darauf mietete die ganze II. Gruppe ein komplettes Donauschiff. Mit ihm fuhren wir in die durch Burgruinen und Kirchtürme und Weinberge belebte Wachau.

Schließlich bestieg ich mit Ludwig die nordwestlich des Semmerings gelegene rund 2000 Meter hohe Rax. Wir hatten dafür großzügigen Urlaub erhalten, so daß wir am Fuß der Rax übernachten konnten. Ludwig arrangierte unser Bett im Heu dergestalt, daß unweit von uns zwei Wienerinnen ruhten. Es war ähnlich wie bei

Homer. Dort teilte Ares mit Aphrodite, der Gott des Krieges mit der Göttin der Schönheit, das Lager der Liebe. Allerdings handelte es sich bei uns um zwei Paare. Außerdem konnte man weder meinen Freund Ludwig noch mich in die Rubrik von göttlichen Kriegern einreihen. Wir hätten uns selbst eher als gute Flieger bezeichnet.

Daß wir am Morgen nach der flotten Nacht im Heu unterhalb der Rax mit den beiden leib- und liebeskundigen Mädchen den Gipfel erklommen, verstand sich von selbst. Im Anschluß an unser achthaxiges Kraxeln auf der Rax bewährte sich Ludwig mir gegenüber als feinsinniger Erotiklehrer. Hier sprach ein in manchen Amouren bewährter Praktiker in bayerisch getöntem Hochdeutsch: „Wenn du ein Mädchen magst, dann mußt du erstens lachen, zweitens ihm in die Augen schauen, drittens seinen Ring oder sein Kettchen oder sein Kleid bewundern, viertens zu dem einen oder anderen Rendezvous ein kleines Geschenk mitbringen, fünftens den Mund aufmachen und gefühlvoll erzählen, sechstens ihm beim Tragen von Taschen oder beim Bergsteigen oder bei irgendwelchen Pannen helfen, siebtens zarte Berührungen und weiche Küsse wagen, achtens in einer Wirtschaft zielstrebig einen Tisch auswählen, bestellen und bezahlen. Wenn du das alles machst, hast du gewonnen." Damit beendete Ludwig seinen Unterricht. Nachdem ich mich in Wien mit derjenigen Raxaphrodite, welche auf den Namen Anni hörte, umgesehen hatte, avancierte ich zum Betreuer für junge Besatzungen, die nicht nur die Ju 88, sondern auch das Schloß Schönbrunn und den Kahlenberg und den Stephansdom und die Kapuzinergruft und die Karlskirche und das Belvedere und Grinzing kennen lernen sollten. Ich organisierte Besuche sowohl im Burg- als auch im Josefstadttheater.

In irgendeiner Kirche sprach ich einen katholischen Pfarrer an. Wir verstanden uns sofort. Beide lehnten wir den nationalsozialistischen „Mythus des 20. Jahrhunderts" ab. Beide glaubten wir zu wissen, daß das Deutsche Reich den Krieg nicht mehr gewinnen könne. Ganz entscheidend aber war für mich die Ansicht des Priesters, daß die Niederlage wegen des Amoralismus Hitlers absolut notwendig sei. Der Theologe gab mir die Abschrift einer Predigt des Bischofs Clemens August von Galen, in der die Ermordung Geisteskranker angeprangert worden war. Außerdem erzählte er mir vom Schicksal des Dompropstes Bernhard Lichtenberg, der auf der Kanzel in Berlin öffentlich für die Juden gebetet hatte. Der Wiener Pfarrer fand für die Handlungsweise Hitlers und seiner Genossen gegenüber den Juden klare Worte: „Das ist Raub und Mord." Trotzdem lehnte er ein aktives Vorgehen gegen Hitler unter den damaligen Machtverhältnissen als unrealistisch ab. Man könne zunächst nur warten und beten. Im übrigen – so fuhr er fort – mahlten Gottes Mühlen zwar langsam, aber sicher. Er sei überzeugt, daß der Schöpfer der Welt „auch auf krummen Zeilen gerade" schreibe. Dieser Priester aus Wien leitete eine Jugendgruppe, mit der ich Ausflüge unternahm, zum Beispiel nach Klosterneuburg. Er schenkte mir auch das auf einem Handzettel abgedruckte Sonett Reinhold Schneiders:

> „Allein den Betern kann es noch gelingen,
> das Schwert ob unsern Häuptern aufzuhalten
> und diese Welt den richtenden Gewalten
> durch ein geheiligt Leben abzuringen;
>
> denn Täter werden nie den Himmel zwingen.
> Was sie vereinen, wird sich wieder spalten,
> was sie erneuern, über Nacht veralten
> und was sie stiften, Not und Unheil bringen.
>
> Jetzt ist die Zeit, da sich das Heil verbirgt
> und Menschenhochmut auf dem Markte feiert,
> indes im Dom die Beter sich verhüllen,
>
> bis Gott aus unsern Opfern Segen wirkt
> und in den Tiefen, die kein Aug' entschleiert,
> die trocknen Brunnen sich mit Leben füllen."

Dieses Sonett drückte in einer edlen Sprache genau das aus, was ich jugendlich verschwommen und unklar in mir trug. Keinem meiner Kameraden aus dem KG 54 konnte ich das Gedicht Reinhold Schneiders zeigen; denn einerseits entsprach das geistige Alphabet der meisten nicht dem meinen, andererseits konnte jeder Mensch – auch wenn er es nicht wollte – in der Diktatur Hitlers zum Verräter werden. Wer das Sonett weitergab, mußte mit Repressalien rechnen; denn die „Täter", von denen es hieß, daß sie mit ihrem „Menschenhochmut" nur „Not und Unheil brächten, das waren die brutalen Helfershelfer Hitlers. Sicher, Leo erwies sich immer mehr als angenehmer Vorgesetzter. Aber eben wegen seiner Stellung als Staffelkapitän blieben für ihn Religion und Politik ein Tabu. Ich wartete jetzt, ab dem Sommer 1943, bewußter und deutlicher als früher einfach auf das Kriegsende. Dafür, daß ich dieses von mir erhoffte Ereignis tatsächlich erleben würde, bot das in vielen Frontflügen bewährte Zusammenspiel des „alten" Kernes der Besatzung Beck die allerbesten Chancen.

Als ich meinem Freund Ludwig des öfteren aus dem Stundenbuch von Rainer Maria Rilke vorlas, war er von den Anrufungen Gottes durch den Dichter so sehr angetan, daß er Irmi, die zweite Rax-Aphrodite, in ihrer Floridsdorfer Wohnung bat, alle drei Abschnitte des Stundenbuches (1. Vom mönchischen Leben; 2. Von der Pilgerschaft; 3. Von der Armut und vom Tode) für ihn abzuschreiben; was die Irmi auch tat. „Gott, du bist groß"; „Du siehst, daß ich ein Sucher bin"; „Mach mich zum Wächter deiner Weiten, mach mich zum Horchenden am Stein, gib mir die Augen auszubreiten auf deiner Meere Einsamsein." Derartige Sätze aus dem Stundenbuch haben uns bewegt. Daß irgendjemand irgendeinmal uns allen mit der Schreibmaschine vervielfältigte Auszüge aus der „Lebensgeschichte einer wienerischen Dirne" namens Josefine Mutzenbacher zum Lesen gab, zeigt, welchen Einflüssen wir 1943 ausgesetzt waren. Ludwig las etwa die Hälfte des Textes, lachte und stellte fest: „Die Irmi ist mir lieber." Ich ergänzte: „Mir die Anni auch." Dann holten wir die beiden Mädchen in Floridsdorf ab und besuchten mit ihnen ein Weinlokal am Fuß des Kahlenberges.

Bei den mannigfachen Tätigkeiten, denen Ludwig und ich oblagen, tangierte uns das vom Kommandeur angeordnete Exerzieren gar nicht. Diese Ordnungsübungen waren die dritte von vier Varianten, die dazu beitragen sollte, die II./KG 54 halbwegs ordentlich über die dreidreiviertel Monate in Wien hinwegzubringen.

Die vierte und letzte Möglichkeit, alle drei Staffeln seelisch aufzurüsten, hieß Urlaub. Also fuhr die Besatzung Beck binnen Jahresfrist zum vierten Mal nach Hause. Helmut, der erst in Wien zu uns versetzt worden war, konnte von solchen Urlaubsfrequenzen nur träumen.

Eben in diesen Tagen hatten die Alliierten Sizilien besetzt. Kurz zuvor war Mussolini verhaftet worden. Im August 1943 eroberte die Rote Armee das der II./KG 54 seit Januar 1942 bekannte Orscha am Dnjepr. Das KG 54 aber war im Sommer 1943 personell und technisch so geschwächt, daß ähnlich wie die II. Gruppe auch die I. Gruppe ein Vierteljahr am Krieg gar nicht teilnahm. Die hier angesprochene I./KG 54 war von Juni bis August am Fliegerhorst Manching bei Ingolstadt stationiert.

Mitte Oktober 1943 fuhr die Besatzung Beck mit der Eisenbahn von Wien nach München. Unser Zug war aus altmodischen Waggons zusammengesetzt. Jeder Wagen bestand aus Coupés mit jeweils einer Türe nach außen, durch die man auf ein der Länge des ganzen Waggons entsprechendes Trittbrett steigen konnte. Vor lauter Übermut öffneten Ludwig und ich während der Fahrt in der Dunkelheit bei einer Baustelle vor Wels unsere Türe, wanderten auf dem Trittbrett zu einem anderen Coupé, klopften zum Entsetzen der Passagiere an das Fenster und wünschten lachend gute Reise. So abenteuerlustig waren wir mit 22 Jahren. Oberleutnant Leo Beck fuhr als Offizier in der zweiten Klasse. Für ihn schickte sich ein halbwüchsigenhaftes Betragen in einem öffentlichen Verkehrsmittel nicht. Bei uns, in der dritten Klasse, war alles unordentlicher, aber auch zünftiger. In München mußten wir einige Tage auf eine neue Ju 88 warten.

Am 23. Oktober 1943 stand sie abholbereit in Riem. Um 13.40 Uhr befanden wir uns in Bergamo. Als Quartier wurde uns das Albergo San Pancrazio in dem östlich von Bergamo liegenden kleinen Schwefelbad Trescore Balneario zugewiesen. Italien hatte zehn Tage vor unserer Landung in Bergamo dem Deutschen Reich den Krieg erklärt. Auf den Inseln Sardinien und Korsika gab es jetzt keine deutschen Soldaten mehr. Eine neue Front verlief nördlich der

Campania etwa bei Monte Cassino. Wir warfen Bomben auf den Hafen von Neapel, auf Nachschubkolonnen der Briten im Raum Salerno, auf Schiffe und Kais von Bari.

Am 1. November 1943 flogen wir an Pisa mit dem unübersehbaren schiefen Turm vorbei über das Land der Etrusker (die Toscana) hinweg bis auf die Höhe von Viterbo. Nördlich von Rom schwenkte Leo nach Südwesten, steuerte zunächst die Pontinischen Inseln und endlich gegen 19 Uhr Neapel an. Hinter uns tauchte drei- bis viermal ein Nachtjäger auf. Aber es kam zu keinem ordentlichen Angriff. Das Benehmen des Airforcepiloten schien mir mysteriös zu sein. Da entdeckte ich plötzlich, daß unsere Positionslichter brannten; rechts grün, links rot, am Heck weiß. Der Auslöser dieser Beleuchtung hieß Ludwig. Der hatte, um den Kurs exakt berechnen zu können, zwei- bis dreimal eine Leselampe eingeschaltet. Bei den dabei nötigen An- und Ausknipsvorgängen war er an einen Nebenknopf geraten. Sobald er unsere Außenbordlampen wieder abgeschaltet hatte, gab der Nachtjäger Ruhe. Erst jetzt konnte der Bombenwurf auf das Hafenbecken von Neapel programmgemäß erfolgen. Vielleicht hatte der Jäger der Royal Airforce deswegen nicht auf uns geschossen, weil er dachte: „Die Nazis sind zwar seltsam; aber so dumm, daß sie mit voller Beleuchtung jenseits ihrer Front herumfliegen, dürften sie doch wohl nicht sein. Die Maschine muß zu uns gehören." Natürlich waren wir keine Nazis; aber wir hatten den Ludwig an Bord. Nun, beim Rückflug nach Bergamo frotzelten wir in bester Laune unseren mit Vorliebe auf falsche Knöpfe drückenden Beobachter. Etwa so:

> Unser braver Ludwig lacht.
> „Gell, das hab ich gut gemacht?
> Willst am Ziel du sicher sein,
> schalte nur die Lichter ein;
> denn ein jeder Brite meint,
> der mit Licht ist nicht der Feind."

Im übrigen hatte sich das Füchslein aus dem Bayerischen Wald seit Jahren als Navigator viel zu sehr bewährt, als daß man ihm hätte

Vorwürfe machen können. Freilich waren bei diesem Angriff auf die Hafenanlagen von Napoli unsere Überlebenschancen nicht unbedingt erhöht worden. Ludwig, der Bayer aus dem Wald, sorgte eben immer für Überraschungen.

Ab jetzt warf das KG 54 einige Zeit vor dem Angriff Metallfolien ab, die man Düppel nannte. Die Idee, mit Staniolstreifen das gegnerische Radar zu stören, stammte von den Briten. Trotzdem beförderte unser Helmut um Neapel und um Bari herum fleißig seine rußgeschwärzten Düppel ins Freie. Bei einem Angriff auf den Hafen Bari am 2. Dezember 1943 beobachteten wir mehrere Explosionen. Ein Treffer auf einem Transportschiff an der südlichen Hafenmole ging auf das Konto der Besatzung Beck. Beim Rückweg von Bari flog ein englischer Nachtjäger gleich dreimal hinter uns her. Aber der Erfolg blieb ihm versagt; denn als ein täglich mit mehreren die Sehkraft stärkenden Karotten gefütterter Bordfunker erspähte ich den schußlüsternen Briten jedesmal so rechtzeitig, daß er seine Munition sparen konnte.

Einige Tage vor dem Angriff auf den Hafen von Bari brachte die Besatzung Beck ohne Helmut einen Major des II. Fliegerkorps, dem das KG 54 unterstellt war, von Bergamo nach Montpellier und Nîmes. Dieser Generalstabsoffizier sollte erkunden, ob die beiden südfranzösischen Flugplätze für die Stationierung von Kampfflugzeugen geeignet seien. Außerdem wollte er von Oberleutnant Beck wissen, ob er glaube, daß man von Nîmes aus Gibraltar mit einem Ju 88-Verband erfolgreich angreifen könne. Der vorsichtige, mit einem gesunden Sinn für das Machbare ausgestattete Leo Beck zeigte sich gegenüber dem Gibraltarprojekt zurecht äußerst skeptisch. Mir bescherte dieser Kurierflug einen Besuch des Amphitheaters, der Maison Carée und des Jardin de la Fontaine in Nîmes. Uns alle beeindruckten darüber hinaus der Hin- und der Rückflug an der Côte d'Azur vorbei und über die Provence hinweg.

In der Poebene schenkte uns der Herbst 1943 mit der ganzen Fülle seiner Farben – purpureo varius colore (Horaz, c. II, 5) – wunderbare Tage. Mit meinem Ludwig unternahm ich Radtouren, zum Beispiel um den ganzen Lago d'Iseo herum. Hermann Schach, Karl

Gruner und ich wanderten auf den Vorbergen der Alpen nördlich von Trescore. Bei einer unserer Bergpartien stießen wir auf eine Hütte, aus der Klaviertöne an unser Ohr drangen. Hermann riet: „Do ganga ma nai." Im Innern des Raumes lauschten wir andächtig und spendeten höflich Beifall. Die ganze Situation erschien uns trotz der Anwesenheit einer Frau recht ungewöhnlich. Handelte es sich um exzentrische Künstler oder hatten hier oben in den Bergen sogenannte antifaschistische Partisanen einen Unterschlupf gefunden? Auf jeden Fall erklärte ich nach dem üblichen „Buon giorno, signori": „Abbiamo fatto un giro a piedi." Der Padrone entgegnete: „Prego, si accomodi." Dann lud er uns zu Brot, Grancino (Käse) und vino rosso ein. Wir priesen die Schönheit der Frauen und der Berge, zeigten Verständnis für die mit der Trennung Italiens in einen südlichen königlichen und einen nördlichen faschistischen Teil verbundenen Schwierigkeiten, lachten, aßen und zelebrierten einen kleinen Frieden inmitten eines großen Krieges. Schließlich gaben wir den Leuten Geld für das Essen und stiegen, aufs herzlichste von den Hüttenbewohnern – den Montanari – verabschiedet, mit den letzten Strahlen der Sonne hinab nach Trescore.

Karl fragte eines Tages: „Warum baden wir eigentlich nicht im Schwefelschlamm?" Also bestieg jeder von uns, der Karl, der Ludwig, der Hermann und ich, in dem zum Albergo San Pancrazio gehörenden Badetrakt je eine Wanne, in die ein Hausmeister die heilsame Schwefelsauce von Trescore Balneario eingeleitet hatte. Das mit dieser Kuranwendung verbundene Vergnügen schien mir freilich recht gering zu sein. Ich dachte: „Was sollen wir als gesunde Soldaten in einer unappetitlich riechenden Brühe baden?" Deshalb verzichtete ich auf weitere Schwefelapplikationen.

Aber vielleicht laborierte ich an einem seelischen Defekt? Möglicherweise benötigte ich ein Bad für den Geist? Auch das gab es im Hotel San Pancracio. Hier war nämlich ein für uns neuer Sanitäter der II./KG 54 aufgetaucht. Dieser 36 Jahre alte Gefreite mit dem Nachnamen Probst stellte sich als Pater Günter von der Benediktinerabtei Schweiklberg bei Vilshofen (seit 1972 zum Landkreis Passau gehörig) vor. In dem Priester Günter hatte ich tatsächlich einen

Bademeister für meine Seele gefunden. Er feierte fast täglich eine heilige Messe in der unserem Hotel benachbarten Hauskapelle italienischer Klosterfrauen. Mir brachte er das Ministrieren bei. Der Gefreite Günter las ab und zu mit einigen Staffelangehörigen, darunter den beiden trefflichen Westfalen Franz Maul und Alfons Walgern, ein Kapitel aus dem Neuen Testament. Im Anschluß daran erklärte er auf unsere Fragen hin einige Bibelpassagen. Der mit mir in einem Doppelzimmer untergebrachte Ludwig hielt sich von derartiger religiöser Unterweisung fern. Dafür röstete er auffallend oft besonders während der Bibelstunden Kartoffel mit Eiern, Knoblauch oder Zwiebeln und Schinken. Auf jeden Fall hielt uns die ludovicische G'röstl-Fabrikation so bei Kräften, daß wir den Worten des integren Paters aus Schweiklberg besser lauschen konnten. Dadurch, daß Ludwig alle „Frommen" von seinem leckeren Produkt kosten ließ, leistete er trotz seiner Konfessionsferne einen bemerkenswerten Beitrag zur moralischen Veredelung der 4. Staffel des KG 54.

Am 11. Dezember 1943 verlegte die II./KG 54 zunächst nach Manching bei Ingolstadt. Drei Wochen später landete die Besatzung Beck mit der Ju 88 B3-MM in Marx südwestlich von Wilhelmshaven. Hier und darüber hinaus in ganz Ostfriesland entzückten mich die sorgfältig gepflegten Häuser. Diese Sauberkeit einer ganzen Region mußte jeden faszinieren. In Marx und dem der II./KG 54 zugeordneten Ausweichflugplatz Athies sous Laon (Hauptstadt des Départements Aisne) starteten die 4., 5. und 6. Staffeln des KG 54, um London zu bombardieren. Zusätzlich zu Marx und Laon standen der II./KG 54 die Rollfelder von Delmenhorst (westlich von Bremen), Varel (südlich des Jadebusens) und Soesterberg (bei Utrecht in den Niederlanden) zur Verfügung. Auf diesen Plätzen versteckten wir unsere Ju 88 und natürlich auch uns selbst, wenn ein Luftangriff der Alliierten auf Marx befürchtet wurde. Außerdem nutzten wir vor allem Soesterberg dann, wenn sich in Marx oder in Athies-Laon die Wetterbedingungen für eine Landung als ungünstig erwiesen.

Seinerzeit wurden unsere Bombardierungen Londons von der nationalsozialistischen Propaganda als Vergeltung für die „Terrorangriffe" der alliierten Luftwaffen auf deutsche Städte dargestellt. Ganz unabhängig davon, daß Hitler vom ersten Kriegstag an mit der Brutalität begonnen hatte, darf folgende Gedankenreihe nicht unberücksichtigt bleiben: Die Deutschen vermochten dem Staatsterroristen Hitler und seinen Helfershelfern aus eigener Kraft nicht Einhalt zu gebieten. Darüber hinaus hatten sich Millionen Deutscher mit Hitler, den nicht wenige von ihnen fast liebevoll „Adolf" nannten, so sehr identifiziert, daß sie ihn gar nicht beseitigen wollten. Politisch blind, wie sie waren, ignorierten sie einfach die für den zivilisierten Teil der Welt unter gar keinen Umständen mehr hinnehmbaren Untaten ihres „Führers". Deshalb bombardierten die ein bellum iustum (einen gerechten Krieg) führenden Briten und Amerikaner deutsche Fabriken, Häfen, Flugplätze, Bahnhöfe, Brücken, ja sogar ganze Städte so lange, bis Hitler endlich tot war und das Deutsche Reich kapitulierte. Nachträglich denke ich, daß die Alliierten aus drei Gründen danach trachteten, den dämonischen Hitler möglichst rasch auszuschalten: Erstens mußten sie die eigenen Verluste gering halten. Zweitens galt es, alsbald zusammen mit einem wieder normalen Deutschland ein neues politisches Gleichgewicht gegen die von dem Diktator Josef Stalin dominierte Sowjetunion aufzubauen. Drittens wollten sie in Europa für den Kampf gegen die Japaner in Asien entlastet werden.

Der manisch-depressive Hitler hat sämtliche Soldaten und darüber hinaus auch sämtliche Zivilisten, die in einer Fabrik oder in einer Bank oder in einer Küche oder in einer Schule oder in einem Theater oder in einem Krankenhaus oder in einem Geschäft oder in einem Büro oder bei einem Bahnbetrieb redlich ihre Pflicht erfüllten, zu unfreiwilligen, wirklich tragischen Tätern und Opfern gemacht. Diese von den Nationalsozialisten erzwungene Perversion unbescholtener Personen könnte man durchaus algebraisch darstellen. Die Männer und Frauen, die Alten und die Jungen, ja sogar viele Kriegsgefangene gleichen dann einem in eine Klammer gesetzten, aus positiven Zahlen bestehenden Aggregat. Vor der Klammer befindet sich bei diesem Ansatz ein negativer Faktor. Dieser Minusposten entspricht dem Tyrannen Hitler und seinen brutalen Genossen. Beim Auflösen einer derartigen Klammer bekommen sämtliche positiven Größen einen negativen Wert. Im Abstand eines halben Jahrhunderts erkennt man viele Dinge deutlicher als in der jeweiligen Gegenwart. Dazu gehört auch die Überzeugung, daß die Bombardierung Londons durch die Luftwaffe eines unmenschlichen „Führers" eine unerträgliche Barbarei darstellte.

Als Anflugweg nach London hatten wir die Strecke Marx – Ijsselmeer – Ijmuiden (nördlich von Harlem) – Cambridge zu wählen. Über dem Ziel wurden Brandbomben geworfen. Der Rückflug erfolgte des öfteren über Brighton hinweg nach Laon. In der nächsten Nacht war der Weg Laon – Le Havre – Reading – London – Boulogne – Lille – Marx vorgesehen. Die Londoneinsätze von Januar bis März 1944 wurden wegen der Stärke der britischen Abwehr zumeist in Halb- oder Neumondnächten durchgeführt. Allerdings erging der Startbefehl vor allem dann, wenn man annehmen durfte, daß über London einigermaßen wolkenloses Wetter herrschte. Die deutsche Luftwaffe besaß eben keine so leistungsfähigen Zielgeräte (Radar) wie die Royal Airforce. „Der Engländer findet" – so drückte sich Göring am 8. Oktober 1943 aus – „bei uns die kleinste Drecksmühle. Er fliegt über den Wolken und schmeißt ... punkt(genau)."

Das deutsche, zwischen dem Herbst 1940 und dem Sommer 1941 bewährte Knickebeinverfahren hatte vorgesehen, daß sich beim Ziel zwei scharf gebündelte Leitstrahlen, der eine beispielsweise von Marx aus, der andere von Laon aus, kreuzten. Jeder Bordfunker schaltete beim Knickebeinverfahren nach dem Start einen seiner Empfänger so, daß sowohl der Pilot als auch der Navigator einen Dauerton hörten. Auf diesem sollten sie zum Ziel „hinreiten". Ungefähr 20 Kilometer vor dem Ziel hörte der Bordfunker in seinem Empfänger ein zusätzliches Morsesignal. Damit wurde der Bombenwurf eingeleitet. Weil aber die Engländer die entsprechenden Frequenzen beständig störten, mußten wir im Jahre 1944 vom Knickebeinverfahren Abstand nehmen. Somit blieb bei klarem

Himmel zunächst nur der Augenschein. Da sich jedoch einige Besatzungen durch die über manchen Stellen der Themse ausgespannten Tarnnetze täuschen ließen, flogen oft Kameraden des KG 66 als Beleuchter voraus. Sie setzten über dem Ziel ganze Bündel von Leuchtkugeln ab. Die Farben dieser von uns als „Christbäume" angesprochenen Markierungshilfen wurden laufend gewechselt; denn die Briten versuchten, uns mit „falschen Christbäumen" zu verwirren. Nicht verwirren ließ sich unser Helmut, der beständig Düppel aus der Ju 88 warf, um die elektronischen Meßgeräte sowohl der Flak als auch der Nachtjäger zu stören.

Über England schwebten in einer Höhe von bis zu 5000 Metern Luftballone, die mit Drahtseilen am Boden verankert waren. In diesen sollten sich die deutschen Bomber verheddern. Höher konnten die britischen Ballone wegen des Eigengewichtes der Trossen nicht steigen. Die Besatzung Beck flog deshalb fast 8000 Meter hoch, so daß von seiten der Ballonsperren keine direkte Gefahr ausging. Je höher wir allerdings stiegen, desto weicher reagierten die Höhen- und Seitenruder der Ju 88. Oft hatte ich das Gefühl, daß wir mehr schwammen als flogen. Unsere relativ langsame und bombenträchtige Maschine fühlte sich in der doch recht sauerstoffarmen Luft, die so sehr der Dichte entbehrte, sichtlich unwohl. Wir übrigens auch. Jeder mußte eine Maske tragen, die ihm wegen des für die Sauerstoffzufuhr nötigen Rüssels ein elefantenähnliches Aussehen verlieh. Außerdem war es dort oben nach einem Wort Leos „saukalt". Allerdings wurden unsere Unlustgefühle durch die heizkissenartig erwärmbaren Pelzkombinationen und das wohltemperierte Luftgebläse etwas gemindert. Wegen der Vereisungsgefahr mußten wir in einem beständigen Rhythmus die an unseren Tragflächen montierten Gummihäute mit Warmluft aufblasen und leer saugen. Die sich bei Minustemperaturen an feuchten Tragflächennasen ansetzenden Eiskristalle hätten die Profile so sehr verändert, daß die Ju 88 abgestürzt wäre. Die Ballone, die Nachtjägeranflüge, die Leuchtpurgeschosse und das auf uns gerichtete Scheinwerferlicht irritierten sehr.

Am 18. Februar 1944 erfaßten uns über dem Ziel in einer Höhe von rund 7500 Metern etwa acht Scheinwerfer. Die Kabine der Ju 88 war gespenstisch erhellt. Da rief Leo: „Nichts wie weg." Er drückte unsere Ju 88 leicht an, warf die Bomben, stellte die B3-MM auf den Kopf und ließ den Knüppel los, so daß wir wild auf den Boden zu trudelten. Es gab für mich kein rechts oder links mehr, kein oben oder unten. Ich dachte vor lauter Aufregung nicht einmal ans Sterben. Und dann geschah es: In einer Höhe von etwa 1000 Metern fing sich die Maschine infolge ihrer Eigenstabilität von selbst und flog brav, so als ob nichts gewesen wäre, horizontal weiter. Alsbald bewegten wir uns über dem Meer. Steuerbords sahen wir die drei in dieser Nacht in einem Winkel von circa 20° nach oben weisenden Scheinwerfer von Le Havre. Ein qdm gab die präzise Richtung nach Athies sous Laon an, wo wir um 02.25 Uhr landeten. Leo konstatierte: „Da haben wir Schwein gehabt." Ludwig bekräftigte: „Das kann man wohl sagen." Ich aber dankte meinem Schutzengel.

Die Englandeinsätze wurden von Mal zu Mal gefährlicher. Drei Wochen nach unserer Trudelei von 7500 auf 1000 Meter kehrten wir mit zwei Löchern im Querruder zurück. Weil die Angriffe auf London immer gebündelt erfolgten, befanden sich in manchen Nächten kurz hintereinander nicht nur zwischen 180 und 280 deutsche Bomber, sondern auch britische Nachtjäger relativ nahe beieinander über dem Großraum London. Hier oben, am Himmel Südostenglands, herrschte ein Flugzeug-Dschungel. Hinter, neben und über mir sah ich laufend die Umrisse von Flugzeugen, von denen ich nie richtig wußte, zu welcher Kriegspartei sie gehörten. Sooft eine Maschine von hinten her in meine Sichtweite kam, rief ich ohne Umschweife: „Nachtjäger." Auf dieses als Warnung und Aufforderung gedachte Wort hin drehte Leo sofort ab. Dabei blieb es offen, ob wir es tatsächlich mit einer britischen Maschine zu tun hatten. Entscheidend waren der Verdacht und der zeitliche Vorsprung.

So wie wir, die Deutschen, an der Identität der Flugzeuge zweifelten, wußten auch die Briten nicht immer, mit wem sie es zu tun hatten. Diese Unklarheit war vom deutschen Fliegerkorps gewollt. Für uns bedeutete sie eine Gefahrenminimierung. Die Royal Airforce ließ sich eben manchmal durchaus täuschen, zum Beispiel von der Besatzung Berchtold. Deren Ju 88 war bei einer unserer Londonattacken schon beim Anflug über Cambridge von vielen Scheinwerfern erfaßt worden. Da wäre es um die Maschine mitsamt der Besatzung des Leutnants Berchtold geschehen gewesen, wenn sein Beobachter, mein Freund Karl Gruner, nicht aufs Geratewohl zu einer List gegriffen hätte. Er schoß nämlich aus seiner Leuchtpistole eine Signalkugel nach unten. Sofort erloschen die Scheinwerfer. Berchtold aber ging im Steilflug bis auf 6000 Meter in Richtung London nach unten, warf die Bomben und drückte die Ju 88 über den Ärmelkanal hinweg auf das Festland. Karl hatte aus purem Zufall die richtige Signalfarbe benutzt, so daß die wackeren britischen Beleuchter annehmen mußten, die von ihren Scheinwerfern erfaßte Ju 88 sei ein Nachtjäger der eigenen Royal Airforce gewesen. Dieser – nicht ein „German" – habe in seiner Not ein Leuchtsignal abgeschossen.

Mit den Pendelflügen zwischen den oldenburgischen und den französisch-niederländischen Operationsbasen waren Übernachtungen auf unappetitlichen Matratzenlagern verbunden. Um so schlafen zu können, wie es meinen hygienischen Vorstellungen entsprach, trat ich alle Londonflüge mit einem sauberen Leinenüberzug, der mir als Schlafsack diente, und mit einem weißen Kopfkissen an. Außerdem besuchte ich in Laon nicht nur die zum Schauen und zum Gebet einladende Kathedrale Notre-Dame, sondern auch eine Épicerie fine, um Kaffee zu kaufen. Den nahm ich mit an Bord der Ju 88 und flog mit ihm über London nach Marx. Dort steckte ich meinen Kaffee in ein Päckchen, das ich zur Post brachte. Meine Eltern staunten, was man trotz des „totalen Krieges" mit der Luftwaffe alles transportieren konnte: sowohl Schuhe und Hemden aus Beauvais als auch Stoffe, Uhren, Orangen und Ministrantengewänder aus Catania als auch Kaffee aus Laon.

Man konnte aber auch pflichtvergessene 19jährige Mädchen befördern. Unser sich immer mehr zum Charmeur entwickelnder Oberleutnant Leo Beck hatte in Delmenhorst ein weibliches Wesen kennengelernt, das eines Tages in Varel aufkreuzte und bei unserem Staffelkapitän als Gespielin zu bleiben begehrte. Was noch schlimmer war: Das nach Liebe mit dem doch recht feschen Leo schmachtende „süße kleine Ding" hatte sich vom Dienst bei seiner Luftnachrichteneinheit kurzerhand selbst dispensiert. Das wäre ein Skandal geworden, wenn Oberleutnant Beck nicht sofort gehandelt hätte. Ohne zu zögern, machte Leo dem verdutzten Oberwerkmeister klar, daß er mit der B3-MM unbedingt einen Werkstattflug durchführen müsse. Er benötige dabei keinen Techniker. Es genüge, wenn Unteroffizier Häml die Ju 88 neben der Flugleitung abstelle. Er werde dann zur Peilerbaracke rollen, um seinen Funker mit an Bord zu nehmen. Den Flugbefehl habe er schon in der Schreibstube hinterlegt. Ich selbst stand mit dem flüchtigen Mädchen hinter dem letzten Haus am Ende des Flugplatzes, sicher nicht in der Peilerbaracke, in Bereitschaft. Leo kam, wir kletterten in die B3-MM und dann ging es steil nach oben mit Kurs auf Delmenhorst. An Bord befanden sich zwei Mann und ein Fräulein. Eine Viertelstunde später nahm die von unserem Staffelkapitän fernmündlich verständigte Luftnachrichtenchefin ihr verlorenes Schäfchen in Empfang. Leo und ich flogen nach Varel zurück und berichteten dem Oberwerkmeister, daß Motor und Funkgeräte in Ordnung seien.

Sichtflüge und neues Sehvermögen (1944–1945)

In der Nacht vom 21. auf den 22. März 1944 verlor über England die 4. Staffel allein zwei Maschinen. In der einen saß der mir seit Bergamo besonders verbundene Franz Maul, in der anderen Alfons Walgern. In derselben Nacht absolvierte die Besatzung Beck mit dem Start in Marx, dem Bombenwurf auf London und der Landung in Athies sous Laon ihren letzten Blindflug überhaupt.

Die II./KG 54 verlegte am 6. April 1944 nach Flensburg, um drei Wochen später aufgelöst zu werden. Mit Ausnahme des Kapitäns der 4. Staffel, unseres Oberleutnantes Leo Beck, und damit auch des Ludwig, des Helmut und meiner Person wurden die von den dreimonatigen Londoneinsätzen übrig gebliebenen 14 Besatzungen der II. Gruppe, darunter auch mein Freund Karl mit dem Leutnant Berchtold, zum KG 66 abkommandiert. Am Tage vor dem geplanten Abflug aus Flensburg besorgte Helmut als Bordschütze der Kapitänscrew für 15 Besatzungen Startverpflegung. Das waren 56 Portionen für die KG 66-Leute und vier Portionen für die Besatzung Beck. Leo, Ludwig, Helmut und ich sollten zur IV. Gruppe nach Gardelegen fliegen. Helmut kehrte vollkommen korrekt mit 60 Eiern, drei Laiben Weißbrot und einer Bitschen Milch von der Küche des Fliegerhorstes Flensburg in unsere Stube zurück. Das Wort „Bitsche" übersetzte Ludwig für unseren rheinischen Schützen mit „Gefäß". Die Vokabel dürfte von „Bütte" abzuleiten sein.

Nun hingen aber die KG 66-Besatzungen wider Erwarten schon in der Luft, während wir, Beck und „Co", entgegen dem bisherigen Befehl erst später fliegen sollten. Also saßen Ludwig, Helmut und ich jetzt mit drei Weißbroten, einem Topf Milch und einem Schock Eier ohne einen Schock der Nerven im Fliegerhorst Flensburg. Zuerst überreichte Helmut unserem Oberleutnant Beck drei Eier und etwas Weißbrot. Den Rest, pro Mund 19 Eier, das ordentliche

Brot und die Milch vertilgte die Kapitänsbesatzung ohne ihren Chef ganz alleine.

Mit zweitägiger Verspätung verließen Leo, Ludwig, Helmut und ich das auch 1944 noch gepflegte Flensburg in Richtung Gardelegen. Dort, in der Altmark, fungierte Oberleutnant Leo Beck als Kapitän der 12. Staffel. Außerdem übernahm er die Ausbildung junger Besatzungen, die laufend zur IV./KG 54 versetzt wurden. Ab Mai 1944 startete die Besatzung Beck nur noch zu manöverähnlichen Schulungsflügen unter *Sichtflugbedingungen*. Die Blindflüge gehörten für uns der Vergangenheit an. Die letzte – einjährige – Phase des Zweiten Weltkrieges hatte begonnen.

Am 10. Mai 1944 bekamen Ludwig und ich in Gardelegen vom Kommandeur der IV./KG 54, dem Major Helmut Stamm, wegen „hervorragender Tapferkeit" feierlich das Deutsche Kreuz in Gold überreicht. Leo hatte diese Auszeichnung bereits 1943 erhalten. Um unsere Freude voll zu machen, verwandelten wir uns gleichzeitig in Feldwebel, die man auch Portepeeträger nannte. Beide Ereignisse, die Ordensverleihung und die Beförderung, feierten wir bacchantisch in Leos Zimmer. Dabei besangen wir zu fortgeschrittener Stunde den Westerwald, über dessen Höhen der Wind so kalt pfeift. Wir priesen eine anonyme haselnußbraune Schönheit und erinnerten an die Mädchen, die frühmorgens, wenn die Hähne kräh'n, nach uns Ausschau halten. Die Feier zog sich so sehr in die Länge, daß wir, voll des süßen Weines, nur auf Umwegen unsere eigene Feldwebelstube fanden. Ludwig steuerte durch die erste Türe rechts vom Eingang auf ein Bett zu. Doch als er es sich dort gemütlich machte, bewegte sich etwas. Dieses Etwas entpuppte sich als Oberfeldwebel Helmut Garn aus Dresden, der bei der 12. Staffel die Funktion des Bombenwartes innehatte. Helmut Garn belehrte den Ludwig, daß er männlichen Geschlechtes sei und sein Bett allenfalls mit Frauen teilen wolle. So ähnlich erging es uns auch im nächsten Raum. Erst die dritte Türe führte zu unseren Betten, die wir allerdings – betrunken wie wir waren – ebenfalls verwechselten. Ich schlief in der Koje Ludwigs, Ludwig in meiner Bettstatt.

Ludwig bereitete in Gardelegen für den Staffelkapitän Schulungsunterlagen vor. Seine Funktion als Beobachter der Besatzung Beck blieb absolut unangetastet. Wer hätte Ludwig auch ersetzen können? Meine eigenen dienstlichen Aufgaben zeichneten sich durch Vielfalt aus. Ich war nicht nur der Bordfunker des Staffelkapitäns, sondern auch Funk- und Flugzeugtypenlehrer, Frontverlaufmarkierer und Kantinier. Zum ersten Mal in meinem Leben fungierte ich jetzt, im Sommer 1944, als Kursleiter oder – wenn man so will – als Pädagoge. Bei der Darbietung des Stoffes ergab sich kein Problem, wohl aber bei der nach Dienstgraden gestuften Meldung der Teilnehmerzahlen an den Staffelkapitän. Deshalb hatte ich die jeweils aktuellen Daten vor Beginn der Stunde an die Tafel geschrieben. Sooft Leo dann den Unterricht visitierte, rief ich: „Portepeeträger und Unteroffiziere Achtung; 12. Staffel beim Unterricht." Dann folgte zum Beispiel: „Thema: amerikanische Flugzeugtypen, heute: Liberator, Flying Fortress und Lightning; anwesend: 21 Kursteilnehmer, davon zwei Offiziere, zehn Feldwebel und neun Unteroffiziere." Während sich die beiden Leutnants bewußt gemessen erhoben hatten, waren die übrigen „Schüler" ordentlich aufgestanden und warteten. Dann wünschte Oberleutnant Beck „Guten Morgen, 12. Staffel", worauf wir antworteten: „Guten Morgen, Herr Oberleutnant." Darauf wandte sich Leo aufgeräumt an die beiden Offiziere: „Behalten Sie bitte Platz, meine Herren." Zu mir sagte er: „Danke für die Meldung; weitermachen."

Kantinier war ich ausgesprochen gern. Als kleiner Bub hatte ich des öfteren mit einem Kinderladen gespielt. Ich wog seinerzeit meiner Oma und meinen Tanten Salz, Zucker und Mehl ab. Dafür bekam ich dann ein paar Pfennige. Jetzt stand ich zwei- oder dreimal in der Woche wie ein richtiger Kaufmann in meiner Kantine, die nur ich auf- und zusperren konnte. Es gab bei mir Obstsäfte, Schnäpse, Liköre, Zigaretten, Gewürze, Senf, Schokolade, Schnürsenkel, Socken, Hosenträger, Faden, Scheren. Der Gewinn ging an die Staffelkasse, die von Gerd Bremora, dem Hauptfeldwebel der 12. Staffel, verwaltet wurde. Meine Zusammenarbeit mit ihm verlief stets problemlos. Im Kreis der Portepeeträger hörte Gerd auf das Wort

„Spieß". Diese Bezeichnung leitet sich bekanntlich von dem Offizierssäbel früherer Kompaniefeldwebel ab und bedeutet – anders als etwa „Spießer" – eine Auszeichnung. Gerd war in dem hier angesprochenen positiven Sinn ein korrekter und kulanter Spieß.

Meine delikateste Tätigkeit in Gardelegen dürfte die vom Kommodore des KG 54, dem Oberstleutnant Volprecht Riedesel Freiherrn zu Eisenbach, verfügte Markierung des jeweils aktuellen Frontverlaufes an einer Wandkarte vor der Schreibstube der 12. Staffel gewesen sein. Die von mir dabei benutzten Wollfäden und rotköpfigen Stecknadeln wanderten im Süden an Rom vorbei in Richtung auf Florenz zu, im Osten für die deutschen Armeen direkt fatal bis zur Westgrenze der Ukraine und im Nordosten zum Peipussee hin. Außerdem steckten ab dem 6. Juni 1944 einige Nadeln in der Normandie.

Oberleutnant Beck ging zwar jeden Tag an der Karte vorbei, schwieg sich aber über die an der Wand deutlich sichtbaren Rückzugsbewegungen der deutschen Truppen aus. Uns, die Kapitänsbesatzung der 12. Staffel, verband nicht ein wie auch immer geartetes Interesse an der Politik, sondern die Freude am Fliegen. Für uns besaßen Raum und Zeit eine Dimension, in der viele irdische Dinge und Vorgänge – nicht nur während des Fluges selbst – in einer wunderbaren Weise winzig und unwichtig erschienen. Unser Benehmen in Gardelegen könnte als großzügig, lässig und unbekümmert bezeichnet werden. Wir waren stolz auf die Art und Weise, wie wir uns am Tage und in der Nacht trotz mannigfacher Flaktreffer und vieler Jägerattacken bewegt hatten. Ich persönlich akzeptierte jetzt immer bewußter die Dinge so, wie sie sich mir darboten. Was ich nicht ändern konnte, nahm ich als von Gott gegeben hin, auch die Gewalt und die Gewalttäter.

Einer der angenehmsten und angesehensten Kameraden in der 12. Staffel hieß Heinrich Kindermann. Hein – so nannten wir ihn – stammte aus Königsberg. Dieser Ostpreuße besaß ein schmales Gesicht und kleine, frische Augen. Er drängte sich nie auf, half aber stets, wenn man einer Unterstützung bedurfte. Hein war bis Anfang August 1942 als Bordfunker der Besatzung des Feldwebels Heinz

Neubauer in der 5. Staffel geflogen. An einem der von Beauvais aus durchgeführten Bedford-Einsätze konnte er wegen einer Erkrankung nicht teilnehmen. Deshalb startete die Besatzung Neubauer mit einem Ersatzmann. Weil sie bei diesem Feindflug von einem britischen Nachtjäger abgeschossen wurde, blieb Hein als arbeitsloser Funker zurück. Schließlich wurde der seinerzeit gesundheitlich etwas labile Kindermann zum Studium nach München und später nach Berlin beurlaubt. Danach kam er zur 12. Staffel. Hier wartete er auf seine Abordnung zur Kriegsschule; denn er sollte Nachrichtenoffizier werden. In dieser Zeit freundete ich mich mit ihm an. Seine Kenntnisse in den Naturwissenschaften überstiegen so sehr das Abiturniveau, daß ich ihn bat, mich in Chemie zu unterrichten; denn nach dem Kriegsende wollte ich Medizin studieren. Meine Kenntnisse in der Physik waren bereits durch meinen Freund und Erotiklehrer Ludwig auf den neuesten Stand gebracht worden. Aber in Chemie fehlte mir sogar jegliches Grundwissen.

Da sprang Hein in die Bresche. Tatkräftig wie er war, zog er mich in die Oberschule von Gardelegen, klopfte an die Türe des Oberstudiendirektors, stellte sich artig als Feldwebel Kindermann vor und bat um die Erlaubnis, mich, den Feldwebel Wittmer, im Chemiesaal ab und zu unterrichten zu dürfen. Versuche seien dabei unerläßlich. Der Schulleiter unterhielt sich mit uns in der liebenswürdigsten Weise und erteilte sein Placet. Wir hatten es mit einem Pädagogen zu tun, der Vertrauen schenkte und für die wissenschaftliche Neugierde junger Menschen Verständnis besaß. Wir informierten sowohl den Staffelkapitän Leo Beck als auch den Hauptfeldwebel Gerd Bremora. Leo empfand unser Vorhaben als sinnvoll. Er wäre am liebsten mit von der Partie gewesen. Gerd ersuchte um genaue Ab- und Rückmeldungen. Hein erklärte mir das Periodische System und die Eigenschaften einzelner Elemente. Ich lernte, mit Reaktionsgleichungen zu arbeiten und qualitative Analysen durchzuführen.

Der kirchenferne Hein verehrte in Gardelegen eine etwas füllige, lebhaft blickende Rheinländerin namens Elisabeth, die regelmäßig zur Kirche ging. Diese fröhliche Luftwaffentelefonistin glich irgendwie der Margarete in der Fausttragödie: „Nun sag, wie hast du's mit der Religion? ... Glaubst du an Gott?" läßt Goethe sie ihren Dr. Heinrich Faust fragen. Der entgegnete reichlich unbestimmt:

> „Wer darf ihn nennen und bekennen:
> Ich glaub' ihn?
> Wer empfinden und sich unterwinden:
> Ich glaub' ihn nicht?"

Prompt stellte das Gretchen auf diese vage Antwort hin fest:

> „... du hast kein Christentum."

Während aber das Goethische Mädchen ihrem Heinrich Faust gegenüber schließlich doch noch schwach geworden war, so daß sie später in ihrer Verzweiflung rief:

> „Heinrich, mir graut's vor dir",

blieb die rheinische Elisabeth in Gardelegen ihrem Agnostiker Heinrich Kindermann gegenüber so fest, daß es nie zur grauenvollen Abwehr, aber auch nicht zu heißen Liebesnächten kam. Da arrangierte mein Freund und Chemielehrer mit dem Kurznamen Hein eine Reihe von Spaziergängen zu dritt. Vielleicht wollte er die katholische Elisabeth an den katholischen Siegfried weiter reichen. Vielleicht gedachte er mich als eine Art Katalysator bei seinem Werben um die Geliebte zu benutzen. Auf jeden Fall lustwandelte das Trio Hein, Elisabeth und Siegfried des öfteren am Nordrand der Colbitz-Letzlinger Heide, lachte, flirtete, tändelte mit den Fingern und sprach gleichzeitig über alle möglichen religiösen Probleme. Doch trotz aller Heide-Erotik darf nicht unerwähnt bleiben, daß Leo und ich mit je zwei jungen Flugzeugführern an Bord im Raum Gardelegen – Rostock – Flensburg – Oldenburg – Harz laufend Schulungsflüge absolvierten.

Eines Tages stellte mich besagte Elisabeth dem katholischen Pfarrer Ernst Brinker von Gardelegen vor. Der benötigte nämlich einen im Sinne des Jahres 1944 attraktiven und gläubigen Firmpaten für die fünf Buben seiner Diasporagemeinde. Den glaubte er im Feldwebel

Wittmer mit dem Deutschen Kreuz in Gold und dem schicken Fliegerdolch gefunden zu haben. Meinen Einwand, daß ich den mir zugedachten Patenkindern unmöglich fünf goldene Uhren schenken könne, ließ Pfarrer Brinker nicht gelten. Es komme auf den Geist, nicht auf das Gold an. Auch meine Patenkollegin Elisabeth müsse von Geschenken Abstand nehmen. Ihre ganze Art genüge, um die Firmung zu einem Erlebnis für die vier von ihr betreuten Mädchen werden zu lassen. Zu einem Erlebnis wurden für mich über den sakramentalen Vorgang hinaus die Worte des Erzbischofs Lorenz Jäger von Paderborn. Jeder – so lautete sinngemäß eine fast beiläufig in die Predigt eingestreute Passage – könne irgendwann einmal so schwer erkranken, daß er nur durch eine Operation zu retten sei. Wenn der Kranke in dieser Situation gläubig auf Gott vertraue, werde alles gut enden. Ich empfand diese hier nachträglich recht konzentriert zusammengefaßten Sätze des Erzbischofes als eine Metapher. Für mich entsprach der „Patient" dem deutschen Volk; die „Operation" stand dann verhüllend für die Eroberung des Reichsgebietes durch die Kriegsgegner Hitlers. Die Konsequenz für mich hieß: Glauben und im Sinne des Sonettes von Reinhold Schneider beten, daß „der Menschenhochmut auf dem Markte" bald zu Ende gehe. Ich wollte aber nicht nur frei werden von der Hitlerdiktatur, sondern nach fast fünf Jahren Krieg endlich einen normalen Beruf erlernen.

Kaum waren Leo und ich am 14. Juni 1944 mit zwei Flugschülern von Marx in Ostfriesland nach Gardelegen zurückgekehrt, da bekamen Ludwig, Helmut und ich je einen Marschbefehl des KG 54 nach Tegernsee. Jeder mußte zuerst nach Hause fahren, um seine Zivilkleidung zu holen. Anschließend sollten wir drei Wochen lang in dem nördlich von Rottach-Egern gelegenen Kampffliegerheim Urlaub machen. Am Abend des 14. Juni saß ich bereits im Zug nach Berlin. Am Vormittag des 16. Juni läutete ich wieder einmal an der elterlichen Wohnungstüre in Nördlingen. Ich wolle nur einen Tag bleiben, erklärte ich meinen Eltern. Außerdem müsse ich die Uniform durch die Lederhose, meine Knickerbocker, einen Pullover und Kniestrümpfe ergänzen. Das Ziel sei Tegernsee. Mein Vater war baff. Deshalb ergänzte ich: Als Ausbilder junger Kampfflieger könnten Leo, Ludwig und ich keine Feindflüge durchführen. Außerdem mangele es ganz einfach an Flugzeugen. Bis zur Auslieferung neuer Ju 88 sollten wir uns in einem Kampffliegerheim am Tegernsee erholen. Anstelle des in Gardelegen unabkömmlichen Staffelkapitäns Leo Beck fahre unser Bordschütze Helmut mit nach Oberbayern. Ich fügte erläuternd hinzu, daß die Kampfgeschwader wegen der Notwendigkeit, zur Abwehr der alliierten Bomber vor allem Jäger mit der Typenbezeichnung Me 109 zu bauen, schon seit längerer Zeit zurückstehen mußten. Dies habe bereits 1943 in Wien dazu geführt, daß ganze Besatzungen mit qualifizierten Flugzeugführern, Beobachtern und Funkern ebenso wie das technische Bodenpersonal vier Monate lang untätig geblieben waren. Unsere Versetzung zum Heer würde nicht nur Umschulung und eine Art Abwertung relativ alter Feldwebel und Offiziere bedeuten, sondern auch den Verzicht auf ein erfahrenes Stammpersonal für den Fall eines von den Nationalsozialisten und auch von vielen Volksgenossen erhofften Umschwunges des Krieges. Wir stellten sozusagen eine Heldenreserve dar. Als ich hinzufügte, daß ein Sieg Hitlers weder in Aussicht stehe noch wünschenswert sei, kommentierte meine Mutter: „Der Siegfried redet jetzt genau so daher wie der Karl." Sie meinte mit „Karl" meinen Vater. Was ich im Frühsommer 1944 nicht wußte: Es ging der Wehrmacht weniger um den Bau der propellergetriebenen Me 109, sondern um die endliche Fertigstellung von Düsenjägern (Me 262), um die Produktion der Raketengeschosse V1 und V2 und um die Fabrikation von Strahlbombern der Firma Arado mit der Typenbezeichnung Ar 234 in Babelsberg und später auch in Landshut. Diese Flugsysteme waren von dem Reichsminister für Volksaufklärung und Propaganda Joseph Goebbels schon seit längerer Zeit geheimnisvoll als „Wunderwaffen" angekündigt worden. Sie sollten Hitler den Sieg bringen. Tatsächlich brachten sie dem Ludwig, dem Helmut und mir einen angenehmen Aufenthalt in Tegernsee.

Am Nachmittag des 16. Juni besuchte ich meinen durch Poliomyelitis (Kinderlähmung) gehbehinderten und deswegen vom Dienst in der Wehrmacht freigestellten Freund, den Jurastudenten Walter Braun. Der wußte, daß unser gemeinsamer Klassenkamerad Sepp Weiß nach seiner Verwundung einen Heimaturlaub bekommen habe. Den wolle er nutzen, um zu heiraten. Es fehle nur noch ein Trauzeuge. Walter riet mir: „Siggale, den tät i an deina Stell' macha." Meine Dienstleistungen am Altar nahmen jetzt offensichtlich zu. In Trescore hatte ich ministriert; in Gardelegen war ich als Firmpate aufgetreten; jetzt sollte ich bei einer Trauung zugegen sein. Dann ging alles schnell. Walter verständigte den Sepp.

Der bat mich ohne langes Hin und Her, das Trauzeugenamt zu übernehmen. Die mir zugedachte Brautjungfer, eine seiner Kusinen, stamme aus Bamberg. Sie sei noch recht unreif und nicht selten kratzbürstig. Sie nütze alle Jünglinge, die sich ihr näherten, brutal aus. Diese fränkische Maid lasse ihre bedauernswerten Verehrer nicht nur regelmäßig Fahrräder putzen, sondern auch voluminöse Lasten tragen und alle möglichen Reparaturen erledigen. Er, der Sepp, sei aber zuversichtlich, daß es während der kurzen Zeit seiner Hochzeitsfeierlichkeiten keine Schwierigkeiten geben werde. Heute noch finde der Polterabend statt. Alles verlief friedlich, das Poltern, die Kutschenfahrt zur Kirche, die Trauung und das anschließende Festmahl. Mit Tanz und Trara ging die Hochzeit zu Ende. Ich aber fand die 17jährige Bambergerin namens Franzi Hemmer in ihrer frischen und freundlichen Art so attraktiv, daß ich ihr und ihren Eltern meinen Besuch bei der Rückfahrt nach Gardelegen ankündigte. Dazu reimte ich: „Mit der Franzi, mit der tanz i."

Am 18. Juni 1944 versammelte sich die Besatzung Beck ohne Beck im Kampffliegerheim in Tegernsee, das direkt am Ufer des namengebenden Gewässers lag. Wir badeten, ruderten, bestiegen den Riederstein und den Wallberg, wanderten zum Bauern in der Au, radelten zum Schliersee und nach Bayrischzell. Wir kümmerten uns um alles mögliche, nur nicht um die deutschen Abwehrkämpfe in Finnland, in den Pripjetsümpfen, auf der Krim, in Cherbourg, bei Caen und im Apennin. Ludwig erklärte lediglich im Anschluß an einen Kirchenbesuch: „Den Krieg gewinnen wir nicht mehr." Diese an sich banale, aber nicht einmal 1944 selbstverständliche Bemerkung setzte stillschweigend voraus, daß Hitler nicht unfehlbar war. Ein kluger Kopf von der Art des Ludwig bohrte nach und nach weiter. Hatte Hitler nur als Feldherr versagt? Wie stand es um seine Politik, um seine Ethik? War er vielleicht gar ein gemeiner Verführer?

Am 13. Juli 1944 meldete sich die Dreiviertelbesatzung Beck beim Staffelkapitän Leo Beck vom Tegernsee in Gardelegen zurück. Jeder hatte seine Zivilkleidung zuvor nach Hause gebracht. Ich war, beflügelt durch den Gott Amor – wie angekündigt – einen Tag lang in Bamberg geblieben. Als Ergebnis dieser Exkursion an die Regnitz hätte man mit einem Wortspiel feststellen können: „amans-amens", blind vor Liebe. Meine frühere politische Blindheit hatte zu dem mehr oder weniger unmündigen Alter diesseits des 24. Lebensjahres gepaßt. Meine Liebesblindheit ab 1944 wies in die Zukunft als Mann. Daß ich trotz aller Bedenken gegenüber dem nationalen Sozialismus Hitlers aus den Jahren von 1939 bis 1945 im Schatten der Diktatur das Beste zu machen suchte, versteht sich von selbst.

Ich denke an die drei Bereiche Fliegen, Freunde, fremde Völker. Ich, der Feldwebel Siegfried Wittmer, fühlte mich trotz mannigfacher Verschiedenheit irgendwie mit Odysseus, dem listenreichen König von Ithaka, verwandt. Dessen Erlebnisdreiheit könnte man mit „Meer, Gefährten, fremde Städte" umschreiben. Den Hintergrund bildete jeweils ein Krieg, der sowohl für Odysseus als auch für mich eine vorgegebene Größe darstellte. Meine Schläue bewährte sich nicht mit einem hölzernen Pferd oder bei der Flucht aus einer Höhle unter dem Bauch eines Hammels. Meine Raffinements bestanden in der unauffälligen Erfüllung der dienstlichen Obliegenheiten, in der absoluten Zurückhaltung bei politischen Aussagen sowohl gegenüber Vorgesetzten als auch gegenüber unsicheren Kameraden des KG 54, in der Vorsicht bei Briefen und bei Telefonaten, im Austricksen nicht nur zweit- und drittrangiger Flugzeugführer zugunsten eines erstklassigen Piloten, sondern auch eines qualifizierten Beobachters, im hellwachen Absuchen des Horizontes nach „feindlichen" Jägern und in eindeutigen Kurzinformationen für den auf meine Augen angewiesenen Flugzeugführer. Ohne meinen Vergleich mit dem fast archetypisch wirkenden

Odysseus überstrapazieren zu wollen, sei noch auf drei Gemeinsamkeiten verwiesen. Beide vertrauten wir auf die Hilfe der Gottheit, bei Odysseus präsent in Athene, bei mir in Jesus Christus; beide kehrten wir wie Bettler in die Heimat zurück; beide wurden wir von einer liebenden und geliebten Frau erwartet. Meine Penelope hieß Franzi.

Eine Woche nach der Rückkehr von Ludwig, Helmut und mir aus Tegernsee nach Gardelegen fand das spektakulärste Attentat auf den Tyrannen statt. Weil es ebenso wie die vorhergegangenen Anschläge scheiterte, mußten die Alliierten zusammen mit den Truppen des Diktators Stalin auch nach dem 20. Juli 1944 noch neun Monate bis zur Kapitulation des Deutschen Reiches weiter kämpfen. Die Amerikaner, Briten, Franzosen und ihre Verbündeten benötigten nach dem Tode Hitlers zusätzliche 46 Jahre, bis sie es fertig brachten, die 1939 bei der Zerstörung Polens mit dem deutschen Aggressor verbündete, bei der Wahl ihrer Mittel nicht gerade zimperliche, aber schließlich total bankrotte sozialistische Sowjetunion zu eliminieren.

Am 14. Juli 1944 hatte ich meine Kursleitertätigkeit wieder aufgenommen. Ich verkaufte wie eh und je Zigaretten, Obstsäfte, Gewürze und Schnürsenkel, ließ mich von Hein Kindermann in der Chemie weiter fortbilden, absolvierte mit Leo und jeweils zwei jungen Piloten Navigationsflüge und markierte erneut die Kriegsfronten. Diese hatten sich auf der Karte der 12. Staffel während meines Aufenthaltes in Tegernsee einfach nicht weiter bewegt. Die augenfälligsten Veränderungen gab es allerdings erst im August 1944. Die Alliierten landeten an der Riviera bei St. Raphaël. Sie befreiten Grenoble, Paris und Orléans. Außerdem erklärte Rumänien dem Deutschen Reich den Krieg. Im Oktober 1944 wurde die IV./KG 54 aufgelöst. Viele Funker, Beobachter und Schützen kamen zur Fallschirmjägertruppe, alle Schreiber, Rechnungsführer und Fouriere zu Erdkampfverbänden. Mein Freund Hein Kindermann bezog eine Kriegsschule. Eine seiner für mich plausiblen Thesen, die er irgendwann im Verlauf eines Gespräches entwickelte, verdient festgehalten zu werden. Er glaube, daß es in absehbarer Zeit zu einem

Kampf der Wehrmacht gegen die NSDAP und die Waffen-SS kommen werde. Der Versuch vom 20. Juli 1944 sei zwar gescheitert; er dürfte aber in einer für Hitler noch fataleren Situation eine Neuauflage erfahren.

Die Piloten, das Ausbildungspersonal, darunter Ludwig, Helmut und ich, ferner alle Techniker, wurden der wieder belebten II./KG 54 zugewiesen. Leo Beck fungierte jetzt als Kapitän der 6. Staffel. Ab Oktober 1944 entfiel die bisher für das fliegende Personal bereit gestellte Startverpflegung, die Milch, das Ei und das Weißbrot. Churchill aber ließ uns alle über den deutschsprachigen Dienst der BBC (British Broadcasting Corporation) auffordern, die Wehrmacht zu verlassen und „überzulaufen". Wie sich Sefton Delmer, der Chefmoderator des Soldatensenders Calais, das Desertieren der vierköpfigen Besatzung einer Ju 88 konkret vorstellte, weiß ich nicht. Aber das weiß ich, daß mich die Vorschläge der BBC seinerzeit kalt ließen. Ich war, genauso wie meine Altersgenossen, als Kind in die Familie und als Bub in eine Schulklasse eingebunden gewesen. Jetzt lebte ich altersrichtig zusammen mit den Männern des KG 54. Das waren keine Tugendbolde, aber sicher auch keine Bösewichte. Deren für meine Entwicklung notwendige Gemeinschaft konnte und wollte ich nicht bei Nacht und Nebel verlassen. Nur zusammen mit meinen Kameraden glaubte ich, das 1944 deutlich absehbare Kriegsende erwarten zu sollen.

Ludwig hatte in Gardelegen eine appetitliche Maid kennengelernt. Irene – so hieß sie – bestach durch ihren offenen und zugleich etwas scheuen Blick. Als wir am 25. Oktober 1944 am Bahnhof standen, um den Zug nach Obertraubling, unserem neuen Standort, zu besteigen, hatte sich auch Irene zum Abschied eingefunden. Es herrschte ein unfreundliches Wetter. Das Mädchen trug ein Sommerkleid, das zwar dem Ludwig gefiel, in dem es aber fror. Da nahm Oberleutnant Beck, ganz Kavalier, seinen Mantel und legte ihn behutsam um die Schultern der anmutigen Freundin seines Beobachters. Ludwig hielt Irene fest, Irene verschmolz mit Ludwig. Es war ähnlich wie bei Lilli Marlen. In diesem im Jahre 1944 allen deutschen Soldaten bekannten Lied hieß es: „Ihre beiden Schatten sah'n wie einer aus." Der Zug fuhr schon an, da nahm Ludwig den Offiziersmantel Leos von den Schultern Irenes und sprang im letzten Moment auf das Trittbrett unseres Wagens. Die brave Irene aber weinte und winkte. Ihr waren Wind und Wetter gleichgültig.

Am übernächsten Tag erreichten wir den Fliegerhorst Obertraubling, an dem man noch deutlich die Spuren der Bombardements der US-Airforce vom Februar und Juli 1944 sah. Hier sollten wir unter der Anleitung von Ingenieuren der benachbarten Messerschmittwerke Regensburg gemeinsam mit sowjetischen Kriegsgefangenen den Düsenjäger Me 262, den man auch „Silber" nannte, zusammensetzen. Einzelteile wurden aus Fabriken in oder bei Northeim (Niedersachsen), Krainburg (Kranj, Slowenien), Jägerndorf (Krnov, Tschechien) und Mauthausen bei Linz angeliefert. Mein Freund Hermann Schach, Mechaniker von Beruf, war bei den Montagearbeiten der richtige Mann. Der durch Begabung und Vorbildung für technische Belange qualifizierte Ludwig arbeitete zumeist in einer Fabrikhalle an der Me 262. Zwei- oder dreimal begleitete Helmut einen Transport von Rümpfen des neuen Turbojägers aus dem Konzentrationslager (KZ) Mauthausen. Deren Fertigung dort wurde von Messerschmitt-Ingenieuren überwacht. Von ihnen übernahm er sie zum Weitertransport nach Obertraubling. Bis Ende 1944 hatten wir nur von der Existenz eines einzigen KZ, nämlich des Lagers bei Dachau, gewußt.

Ich selbst agierte, ähnlich einem Faktotum, jetzt als Rechnungsführer, kurzfristig als Fourier, wie bisher als Kantinier und neuerdings auch als Reisender für Messerschmitt. Für technische Arbeiten an der Me 262 selbst war ich zu ungeschickt. Durch meinen Freund Hermann kam ich ab und zu ins Gespräch mit zwei an der Me 262 arbeitenden kriegsgefangenen Offizieren der Roten Armee. Ich verhehlte meine Achtung vor den Slawen nicht. Dabei wußten wir alle drei, daß das deutsche Wort „Sklave" mit „Slawe" zusammenhängt. Über die seinerzeitige Aktualität ihrer sklavenähnlichen Stellung bei Messerschmitt haben wir ganz einfach gelacht. Diese zwei blonden, im Gegensatz zu Hitler und Himmler wie rassereine Arier, sicher nicht wie minderwertige Sklaven, aussehenden sowjetischen Leutnants verstanden mich. Ich empfand mit ihnen. Sooft wir uns trafen, gaben wir uns die Hand. Zwei- oder dreimal schenkte ich ihnen einige Zigaretten, ein Stück Brot und etwas Margarine. Ihre Bitte um eine Pistole lehnte ich jedoch mit dem Hinweis auf ein baldiges Kriegsende ab.

Die Umsätze in meiner Kantine konnten sich sehen lassen. Das Zimmer, welches ich mit Ludwig teilte, glich einem Zigaretten-, Spirituosen-, Gewürz- und Kurzwarenladen. Von dem Gewinn heuerte Gerd, unser Spieß, eine flotte Tanzkapelle an. Leo, der mit der Führerin eines dem Fliegerhorst Obertraubling benachbarten Kriegshilfsdienstlagers eine Liaison begonnen hatte, lud deren Maiden zu einem fröhlichen Gemeinschaftsabend ein. Dann ging es los: „Junger Mann im Frühling will nicht gern allein sein." Wir tanzten zwar im Herbst, standen aber im Frühling unseres Lebens. In Niedertraubling nahm ich zum ersten Mal wahr, welch verschiedene Ausformungen des weiblichen Körpers die Natur zu präsentieren imstande ist. Mehrere extrem gestaltete Ober-, Taillen- und Unterweiten irritierten mich. Trotzdem schwoften alle, der Staffelkapitän und der letzte Gefreite, mit allen, den großen, den kleinen, den dikken und den dünnen Mädchen zu den erlaubten deutschen und den unerlaubten englischen Melodien, zum Beispiel zu „Barcelona".

Zu meinen Obliegenheiten als Rechnungsführer gehörte das Auszahlen der Löhnung, das Abholen von Geldern bei der Reichsbankfiliale Regensburg und das Abrechnen sämtlicher Sachlieferungen an die 6. Staffel. In Regensburg kaufte ich mir bei dem einen oder anderen Dienstgang zur Flakkaserne und zur Reichsbank von Hans Carossa das „Tagebuch im Kriege", von Ernst Wiechert „Der silberne Wagen" und einige naturwissenschaftliche Bücher, durch die ich meine Kenntnisse in der Chemie und der Physik zu erweitern hoffte. Meinem Leo, der sich auf dem besten Wege zu höheren Militärchargen befand, besorgte ich das Werk „Vom Kriege" des Generals von Clausewitz. Als Messerschmittreisender fuhr ich mit einem Sonderausweis in die bereits erwähnten Fabriken, um jeweils gleichzeitig 20 bis 30 Laufräder oder ganze Mengen von Elektroschaltern, Fahrtmessern und diversen Instrumententeilen für die Me 262 zu holen.

Manche meiner Fahrten unterbrach ich in Bamberg bei meiner Freundin Franzi Hemmer. Ihr Vater war Bankbeamter, wirkte aber auf mich wegen seiner goldrandigen Brille, seiner quergebundenen Krawatte (Fliege), seiner Weste unter dem Sakko, seiner Gamaschen und seiner hochdeutschen Sprechweise, die einer leichten fränkischen Tönung nicht entbehrte, eher wie ein seriöser Schulleiter. Als seinen Vorzug Nummer eins registrierte ich: Er war der gepflegte und gutmütige Vater einer wohlproportionierten Tochter, die stets feine Kleider trug und sich als gewandt und anschmiegsam erwies. Als Vorzug Nummer zwei empfand ich, daß Herr Hans Hemmer über die Fähigkeit verfügte, in kurzer Zeit auch auf einem Stuhl im Sitzen einzuschlafen. Er hat mich bei meinen Liebesattacken auf seine Tochter nie gestört. Der Papa meiner Freundin las mir irgendeinmal irgendwelche abstruse Weissagungen irgendeines Kräuterweiberls vor, die seiner Meinung nach trefflich zu den Goebbelschen Wunderwaffenprognosen paßten. Als er aber mein Desinteresse nicht nur an Goebbels, sondern auch an dem Kräuterweib bemerkte, schlief er wieder ein, was allseits begrüßt wurde.

Bei meinen Bahnfahrten nahm ich erst jetzt deutlich die Ruinen in den Städten und damit den Ruin des Nationalsozialismus wahr. Ich sprach mit Soldaten, die sich selbst „Landser" nannten und sich wie die Angehörigen einer geschlagenen Armee benahmen. Ich wußte noch nicht, daß alle Deutschen für alle Untaten, die auf Veranlassung Hitlers im Namen des Deutschen Reiches geschehen waren, psychisch und physisch zahlen mußten. Daß die Abrechnung jetzt, im Herbst 1944, schon längst begonnen hatte, erfaßte ich erst viele Jahre später. Seinerzeit fühlte ich mich im Hinblick nicht nur auf den bereits fünf Jahre langen Arbeits- und Militärdienst, sondern auch auf die mit dem Krieg verbundene Lebensgefahr in erster Linie selbst als Opfer. Im Rückblick sehe ich jedoch viele Dinge anders. Die Leiden der meisten vom Deutschen Reich Überfallenen können mit meinen Schwierigkeiten überhaupt nicht verglichen werden. Auf jeden Fall haben mich meine Nöte innerlich reicher und reifer gemacht. Dies gilt – mit gewissen personen- und situationsbedingten Abänderungen – auch für viele meiner Zeitgenossen.

Mitte Dezember 1944 beendete die 6. Staffel ihren Industrieeinsatz in Obertraubling. Mit der Bahn waren wir im Oktober von Gardelegen gekommen. Mit der Bahn erreichten wir jetzt unseren neuen Standort, den Fliegerhorst Giebelstadt im Ochsenfurter Gau. Infolge der Luftangriffe der Amerikaner wies das Zimmer, welches ich mit Ludwig und Hermann Schach zusammen bewohnte, derartige Risse auf, daß man sich mit den Kameraden der Nachbarstube durch die Wand hindurch verständigen konnte. Das Kampfgeschwader 54 nannte sich jetzt KG (J) 54, wobei das „J" andeutete, daß wir einem Verband angehörten, der alliierte Bomber jagen und natürlich auch abschießen sollte. Doch daraus wurde nicht viel; denn alle Piloten, auch unser Leo, mußten sich zunächst an die Me 262 gewöhnen. Sie hatten diese Maschine vorher eben noch nie geflogen.

Die Me 262 blieb maximal kaum 55 Minuten in der Luft. Sie erreichte zwar in kurzer Zeit eine Geschwindigkeit von etwa 900 km/h. Aber nicht zuletzt deswegen konnte die Maschine nur weiträumige Kurven fliegen. Aus diesem Grund eignete sie sich nicht ohne weiteres für einen Luftkampf im bisherigen Stil. Die Me 262 war imstande, im Sturzflug mit über 1000 km/h direkt an die Schallmauer heranzukommen, was allerdings Verformungen von Blechen, Verlust von Nieten, Steuerlosigkeit und bisweilen auch Absturz bedeutete. Aber sogar bei den von Messerschmitt erlaubten Geschwindigkeiten unter 850 km/h beklagten die Piloten dieses sicher interessanten Düsenjägers unverhältnismäßig oft Mängel in der Zelle, in der Hydraulik, bei den Turbinen und beim Durchladen der Kanonen. Obendrein wurde manche Me 262, die nach 50 Minuten Flugzeit unbedingt landen mußte, beim wehrlosen Einschweben über dem eigenen Platz von den in aller Ruhe in der Luft kreisenden amerikanischen Mustangs abgeschossen. Treibstoff war Mangelware. Es fehlten Ersatzteile, die neben anderen Kameraden Ludwig und ich umständlich mit der Bahn holen mußten. Die Bedeutung der Düsenjäger für den Ausgang des zweiten Weltkrieges war zwar gleich null; aber nach 1945 wurde ihr Prinzip maßgebend für das Flugwesen in der ganzen Welt.

Der Feldwebel Ludwig Merz, ein Bordschütze und ich flogen mit der letzten Ju 88, die der II./KG (J) 54 noch zur Verfügung stand, im nordbayerischen Raum des öfteren als Zieldarsteller. Unsere Maschine mit der Bezeichnung B3-ZA spielte dabei die Rolle eines amerikanischen Bombers, den eine Me 262 unseres KG (J) 54 „abschießen" sollte. Ich saß abwehrbereit hinter meinen beiden MG, nicht wegen der Scheinangriffe der Me 262, sondern wegen eventueller wirklicher Attacken von seiten amerikanischer Jäger. Aber so sehr ich auch meinen Kopf nach Art eines Leitstrahles in einem Radargerät hin und her bewegte, ich sah weder Mustangs noch Thunderbolts noch Lightnings. Am 27. Februar 1945 endete diese Tätigkeit als Zieldarsteller. Es war ein Sichtflug gewesen. Während der noch ausstehenden 70 Kriegstage habe ich nie mehr ein Flugzeug von innen gesehen. Ich besaß zwar meinen Bordfunkerschein, gehörte aber nunmehr stillschweigend zum Bodenpersonal.

Von Giebelstadt aus wanderte ich mit meinem protestantischen Freund Hermann zur Christmette hinab in die katholische Pfarrkirche der circa 10 km entfernten Stadt Ochsenfurt. Die Menschen dort waren fromm. Das Gotteshaus konnte die Gläubigen kaum fassen. Wir beide, Hermann und ich, erlebten die Geburt des Christkindes an diesem Weihnachtstag des Jahres 1944 als Gegenwart, nicht als Vergangenheit. Jetzt, an der Schwelle zu einem neuen, mit Sicherheit katastrophalen Kriegsjahr 1945, hofften wir, daß in dieser stillen und heiligen Nacht der Segen Gottes auch uns erreiche. Beim Rückweg vom tiefer gelegenen Maintal auf die Hochtafel von Giebelstadt kamen wir uns vor wie die Hirten nach ihrem Besuch beim Christkind im Stall von Bethlehem.

Mehrmals eilte ich später zum Gottesdienst in dem östlich des Flugplatzes gelegenen ehemaligen Kartäuserkloster Tückelhausen. Mit dem dortigen Pfarrer Georg Schmitt, einem älteren, leicht korpulenten Herrn, konnte man alles besprechen. In dessen christlichbarocker Perspektive rangierte Adolf Hitler als einer der vielen Häretiker, die im göttlichen Welttheater auftreten, um alsbald wieder zu verschwinden. Das von ihnen verursachte Leid habe Gott stets zum Guten gewendet. Dies gelte auch dann, wenn wir Menschen nicht alles verstünden. Der geistliche Herr erklärte mir den Hochaltar mit den Kartäuserheiligen Bruno und Hugo. Er machte mich auf die Ornamente, Kartuschen und Säulen aufmerksam. Dann zeigte er mir das Chorgestühl und einen Paramentenschrank. Seine Erzählungen vom Leben der Mönche in dem Kloster mit dem Namen „Cella Salutis" (heilbringende Zelle) bewegten mich stark. Pfarrer Schmitt erklärte mir, daß in jedem der kleinen Häuschen des jetzigen Dorfes jeweils ein Kartäuser gewohnt, studiert und ein Schreiner-, Schneider-, Kunstschmied- oder Töpferhandwerk betrieben habe. Mit jedem der kleinen Häuser, das heißt mit jeder Zelle, sei ein Gärtchen verbunden gewesen. Hier, beim Pfarrer Georg Schmitt von Tückelhausen, wohnte – anders als bei dem uns nach 1933 aufgezwungenen „Heil Hitler" – das wahre Heil (Salus). Das von den Kartäusern konsequent befolgte Beten, Arbeiten, Schweigen und Unterlassen unnötiger Reisen scheint mir erst im Abstand von über 50 Jahren richtig interessant. Ich denke dabei an den für jede menschliche Gesellschaft unabdingbaren Konsumverzicht ihrer einzelnen Mitglieder. Daß mir der geistliche Herr von Tückelhausen nach der Frage „Wolln Se a bißle was zu eß un drink?" bei jedem meiner Besuche Brote zu essen und Kräutertee oder auch Wein zu trinken gab, empfand ich als ebenso angenehm wie seinen geistlichen Zuspruch.

Mein Freund Hein Kindermann hatte seine Kriegsschule im Februar 1945 als Leutnant erfolgreich absolviert. Es war die Zeit, in der Budapest kapitulierte. In Oberschlesien stand bereits die Rote Armee. Außerdem hatten die Sowjets die Grenze Pommerns erreicht. Die Briten und Amerikaner besetzten weite Teile des linksrheinischen Deutschlands. Da unternahmen Hein und ich Radtouren im Taubergrund. Wir genossen das Ende des Winters und sprachen kaum über den Krieg. Aber der Krieg sprach jetzt im Taubertal, in der Nähe von Creglingen, zu uns. Dort näherten sich nämlich unversehens zwei amerikanische Jäger. Vom Fahrrad springen und sich im Straßengraben verstecken war eins. Die beiden Mustangpiloten schossen fleißig, trafen uns jedoch nicht. Wir aber radelten noch mehrmals solange, bis Hein als Nachrichtenoffizier vom

KG (J) 54 weg zu einer anderen Einheit versetzt wurde. Einen Jagdangriff erlebte ich auch mit meiner Freundin Franzi. Das mutige Persönchen hatte mich von Bamberg aus besucht, wohnte zwei Tage bei der 6. Staffel im Fliegerhorst und lustwandelte mit mir zwischen Giebelstadt und Tückelhausen. Wieder kam eine Maschine vom Typ Mustang auf uns zu geflogen. Aber da stand ein Strohhaufen in der Nähe. Der bot uns vor dem munter schießenden Amerikaner hinreichenden Schutz. Wir unterhielten uns dort nach dem Motto „Jeder Schuß ein Kuß".

Gegen Oberleutnant Beck hatte ein junger Soldat mit dem Dienstgrad „Gefreiter" eine Beschwerde eingereicht, weil er von ihm, dem Kapitän der 6. Staffel, geohrfeigt worden sei. Beck habe in der Me 262 Platz genommen und mit der rechten Hand gestikuliert. Er, der Gefreite, sei zunächst neben der Maschine gestanden, dann aber näher getreten, um zu fragen, was der Oberleutnant mit seinen Zeichen andeuten wolle. Da habe Beck sich vorgebeugt, Unverständliches geschrieen, ihm eine Ohrfeige verpaßt und anschließend „Sie Duppel" (umgangssprachlich für „täppischer Mensch", ähnlich wie „Depp") gerufen. Ein herbei eilender Unteroffizier wußte jedoch sofort, daß Leo mit seinen Gesten gefordert hatte, die Bremsklötze von den Rädern der Me 262 wegzuziehen. Dieser hilfsbereite Unteroffizier erkannte auch, daß man bei den damals am Rollfeld in Giebelstadt herrschenden Wetter- und Motorenlärmverhältnissen einfach nicht vernünftig sprechen konnte. Leo war auf das Winken oder einen Stoß mit der Hand angewiesen gewesen. Auf jeden Fall nahm der Unteroffizier die Bremskeile weg. Oberleutnant Leo Beck aber rollte zum Start. Dazu muß ich bemerken, daß mir in vier Jahren gemeinsamer Dienstzeit keine Situation bekannt ist, in der Leo seine Beherrschung verlor. Sollte ihm 1945 in Giebelstadt die Hand ausgerutscht sein, dann kann ich das verstehen. Wir, Ludwig, Hein, Hermann, Helmut und ich konnten uns seit dem Sommer 1944 in aller Ruhe von der Heldenreserve in eine Reserve für den Frieden verwandeln. Wir empfanden uns selbst mit unseren 24 Jahren als Veteranen. Anders stellte sich die Lage für Oberleutnant Beck dar. Auch er war 1945 ein altgedienter Soldat, nach meinem Verständnis ein Veteran. Auch er sah deutlich, daß der Krieg in Bälde mit einer Niederlage des Deutschen Reiches enden würde. Er mußte aber wider bessere Einsicht mit einer unfallträchtigen Maschine fliegen. Außerdem bestand die Gefahr, daß seine Me 262 noch am Boden vor dem Start von irgendwelchen Mustangs in Brand geschossen würde. Wenn in dieser wirklich kritischen Situation ein möglicherweise gleichgültiger, ganz offensichtlich begriffsstutziger Gefreiter sich höchst ungeschickt anstellte, konnte sogar ein Leo die Geduld verlieren. Auf jeden Fall wurde gegen Oberleutnant Leo Beck drei Monate vor dem Ende des Zweiten Weltkrieges ein Disziplinarverfahren eingeleitet. Die dabei ergriffenen Maßnahmen spielten für Ludwig und mich nur insoweit eine Rolle, als die Besatzung Beck ab Mitte Februar 1945 aufhörte zu existieren; denn Leo blieb nicht bei der 6. Staffel. Er fungierte die nächsten zwei Monate als Fluglehrer und Kapitän der 7. Staffel am Fliegerhorst Neuburg an der Donau, anschließend als Chef der 1. Staffel in Prag-Rusin.

Von der 7. Staffel kam zu uns im Austausch mit Oberleutnant Leo Beck ein Hauptmann namens Helmut Kornagel, den ich nur ein einziges Mal sah. Am 28. Februar 1945 verlegte die 6. Staffel nach Kitzingen, wo ich mein der Luftwaffe eigenes, von mir regelmäßig benutztes Fahrrad einfach stehen ließ. Von diesem Vehikel sprang oft die Kette aus den Rädern, die Schläuche ließen die Luft ausströmen, und alles klapperte. Kurz und gut: Für besagtes Veloziped war der Krieg im Maintal im März 1945 zu Ende. Ich aber las damals in dem Buch „Der Untergang des Abendlandes" von Oswald Spengler. Der Chefarzt des Krankenhauses von Iphofen hatte es mir geliehen. Von ihm war ich zwei oder drei Tage vor dem Luftangriff der Alliierten auf Würzburg an einem Leistenbruch operiert worden.

Deutlich beobachtete ich am 16. März die Katastrophe Würzburgs von der Iphöfener Klinik aus. Der Chirurg des Krankenhauses verstand sein Handwerk, auf griechisch die „Chirurgia", hervorragend. Darüber hinaus suchte er das Gespräch mit den in seinem Hause liegenden Soldaten; denn er kannte deren Sorgen. Bevor ich zu meiner 6. Staffel nach Kitzingen zurückkehrte, lud er mich in seine Wohnung ein, sprach mit mir – für die damalige Zeit recht kühn – im Anschluß an den Titel des Hauptwerkes von Oswald Spengler über den Untergang des Deutschen Reiches und versorgte mich mit Speise und Trank.

Von Kitzingen aus ging es per Lkw (Lastkraftwagen) in der Karwoche 1945 zum Fliegerhorst Katterbach bei Ansbach. Mit meinem Freund Hermann unternahm ich dort meinen letzten Osterspaziergang im Zweiten Weltkrieg. Anders als in Schwäbisch Hall am Ostersonntag des Jahres 1940 empfand ich jetzt das Erwachen der Natur und das gleichzeitige Gedenken an die Auferstehung Christi von den Toten unmittelbar, ohne die Hilfe Goethes. Überdies hoffte ich, daß mit dem absehbaren Tod des Nationalsozialismus endlich mein eigenes, nicht mehr fremd bestimmtes Leben beginnen würde. In mir verfestigte sich immer stärker, mehr unbewußt als bewußt, die sicher falsche Analogie: Der Staat bis 1945 war schlecht, also sind alle Staaten schlecht. Von der mit der Diktatur Hitlers verbundenen Flucht in die Privatsphäre löste ich mich nur zögernd. Ganz langsam war ich während meiner Blindflugzeit (1940–1944) in mein Ich hineingewachsen. Später, in der Phase des Sichtfluges (1944–1945) fand ich nach manchem erotischen Tasten das nicht mehr austauschbare Du. Meine Weiterentwicklung zum Wir ergab sich ganz natürlich nach 1945 mit dem Beruf und den eigenen Kindern. Bis zur aktiven Mitarbeit in der Politik reichte es jedoch nie. Im nachhinein bedauere ich dies.

Mit demselben Lastkraftwagen, mit dem wir von Kitzingen gekommen waren, fuhren wir, die „Heldenreserve" der II./KG (J) 54, wegen der alliierten Luftherrschaft fluchtartig nachts im April 1945 von Katterbach nach Fürstenfeldbruck. Ähnlich wie in Giebelstadt wurde auch hier der Flugplatz von den Amerikanern am Tag und von den Briten bei Nacht bombardiert. Ludwig und Helmut und ich standen während dieser Angriffe geistig und leiblich einigen verängstigten Nachrichtenhelferinnen bei, eine Tätigkeit, die von den Mädchen dankend angenommen wurde. Am 20. April 1945 hielt Generalmajor Otto Höhne, 1940/41 Kommodore des KG 54, eine Rede zum 56. Geburtstag Hitlers. Daß er sich dabei des seit zwölf Jahren üblichen nationalsozialistischen Heldenvokabulars bediente, störte niemanden. Am besten waren noch die Melodien – nicht die Texte – des Deutschland- und des Horst-Wessel-Liedes, die wir am Ende der Feier sangen. Der nach außen hin schneidige Redner mußte im April 1945 uns, seinen Nachgeordneten, gegenüber genauso mißtrauisch sein wie wir umgekehrt gegenüber ihm. Der Psychopath Hitler tyrannisierte alle, die Generäle, die Obristen, die Feldwebel und die Gefreiten, bis zu seinem Tod und darüber hinaus. Daß einige der Luftwaffensoldaten die Worte des uniformierten Redners ernst nahmen, gehört in den Bereich der Psychologie der Massen, die zu jeder Zeit und in jedem Volk Probleme bereiten.

In Fürstenfeldbruck besaßen wir ein großelterliches Grab. Natürlich habe ich das dort stehende Denkmal mit den Namen Jakob und Karoline Sappl gesäubert, die Umrandungssteine entmoost, die Erde aufgehäufelt, das Buschwerk gestutzt und Weihwasser aufgefüllt. Das Grab lag abseits von den teils gepflasterten, teils gekiesten Hauptwegen in einer Nebenreihe recht verlassen da. Aber gerade seine leicht ruinöse Hinfälligkeit am Rande des Friedhofes provozierte in mir erneut den Imperativ „Memento mori" (Denke an den Tod). Allerdings schob ich jetzt, nach dem Ende der lebensbedrohenden Feindflüge, derartige Gedanken irgendwie leichtsinnig beiseite. Gefreut habe ich mich, als Helmut und ich bei einem Fliegeralarm an der Straße von Bruck nach Mammendorf auf die Stelle stießen, an der im Jahre 1347 Kaiser Ludwig der Bayer auf der Bärenjagd gestorben war. „Süße Künigin, unser Fraue, bis (sei) bei meiner Schidung", lautete das Gebet an die Mutter Gottes, mit dem seinerzeit der beim Volk beliebte Kaiser entschlief.

Am 23. April 1945 verlegte das Bodenpersonal der 6. Staffel von Fürstenfeldbruck mit drei Lastkraftwagen nach Wattersdorf im Landkreis Miesbach südlich der Autobahn München-Salzburg. Ursprünglich sollten die Flugzeugführer der II./KG (J) 54 mit der Me 262 auf dieser Autobahn bei Holzkirchen im Landkreis Miesbach starten, um amerikanische Bomber abzuschießen. Aber es fehlten dafür ganz einfach die Maschinen und der Sprit. Wir, die Leute vom Bodenpersonal, befanden uns an Ort und Stelle, wußten aber nicht, daß die II. Gruppe bereits aufgelöst war. Also harrten wir, an die 20 Männer, der Dinge, die da kommen sollten.

Hauptfeldwebel Gerd Bremora meisterte die Lage souverän. Er beschaffte bei einer Versorgungseinheit in Wattersdorf Verpflegung, brachte alle Kameraden in Bauernhöfen des circa 2 ½ Kilometer von Wattersdorf entfernten Ortes Reichersdorf unter und erstellte jeden Tag einen Pro-Forma-Dienstplan. Ludwig war am 12. April 1945 von Fürstenfeldbruck aus als Kurier nach Zerbst in Sachsen-Anhalt in Marsch gesetzt worden. Wenn man weiß, daß die Amerikaner am 14. April Bayreuth erobert hatten, kann man verstehen, daß Ludwig Zerbst nie erreichen konnte. Er tat deshalb das einzig richtige: Er begab sich vorsichtig in seinen Bayerischen Wald und betrat etwa fünf Minuten vor den amerikanischen Panzern das elterliche Anwesen in Freyung. Helmut und Hermann waren mit einem defekten Kraftfahrzeug nördlich von Holzkirchen steckengeblieben. Der Staffelkapitän weilte in Prag-Rusin.

Der Flugzeuggerätewart Oberfeldwebel Fritz Kaldewei bezog mit mir eine Zweibettkammer in einem stattlichen Einödshof außerhalb von Reichersdorf. Ich hackte für den Bauern jeden Tag Holz, umrundete einmal zu Fuß den Seehamer See, lief bei matschigem Wetter mutterseelenallein auf der Autobahn und tanzte an den Abenden mit Fritz Kaldewei und den beiden wirklich gut gebauten Töchtern des Bauern. „Was kann der Siegismund dafür, daß er so schön ist?" und „Die Männer sind schon der Liebe wert" und andere ähnlich flotte Melodien entzückten uns. Die Platten tönten etwas heiser. Außerdem gab es immer an denselben Stellen die gleichen Wiederholungen, die durch Blockierungen der Nadel an einer ganz bestimmten Rille der jeweiligen Platte verursacht wurden. Das hörte sich etwa so an: „ ... für einen richt'gen Mann, für einen richt'gen Mann, für einen richt'gen Mann ... " Dann eilte der dem Grammophon am nächsten stehende oder tanzende Herr zum Plattenspieler und hob die Nadel in die nächste Rille. Wer diese Stahlspitze so aufsetzte, daß der Text einen ordentlichen Sinn ergab, also: „... für einen richt'gen Mann gibt es keinen Ersatz ...", der durfte seine Partnerin küssen, länger oder kürzer, flüchtiger oder kühner, auf die Hand, auf den Mund oder auf das Dekolleté, je nachdem. Die Kußfrequenz war erheblich. Wichtiger als das Tanzen erschien mir freilich jetzt, auf die Nachricht vom Tode Hitlers hin, die systematische Vorbereitung des Fußmarsches zu meinen Eltern in Nördlingen und weiter nach Bamberg zu meiner Freundin Franzi. Für sie war ich durch das Tanz- und Kußtraining von Reichersdorf im Landkreis Miesbach trefflich präpariert.

Weil ich eine nicht eben geringe Zahl von Chemie-, Physik-, Philosophie- und Belletristikbüchern besaß, benötigte ich für mein Gepäck ein Fahrzeug, das mir mein gastfreundlicher Bauer schenkte. Es war ein alter Kinderwagen. Da fiel mir die ironische Bemerkung des Majors Erhart Krafft von Delmensingen nach meinem ersten, für mich reichlich blamabel verlaufenen Feindflug im Jahre 1941 ein. „Vielleicht können Sie Kinderwagen schieben", hatte der im übrigen recht noble Offizier gesagt und gemeint, daß ich als Kampfflieger ungeeignet sei. Nun, jetzt mußte ich tatsächlich einen Kinderwagen schieben können, damit meine Schultern entlastet würden. Ich meinerseits überreichte dem Chef der Reichersdorfer Einöde als Gegengabe für das Baby-Gefährt, Baujahr 1925, meine kleine, wirklich feine Pistole. Eine in Würzburg ausgebombte Dame stiftete dem Fritz und mir je einen gebrauchten Anzug und zwei Hüte, die ihr hinfälliger Mann nicht mehr tragen konnte. Wir gaben ihr einen Radio, den wir nicht auch noch transportieren wollten. Das Gerücht, daß das KG (J) 54 die US Army im Landkreis Miesbach als Erdkampftruppe ohne Gewehre, ohne MG, ohne Stahlhelm stoppen solle, nahm keiner von uns ernst.

Als der Rundfunk die Einstellung der Kriegshandlungen in der Nacht vom 8. auf den 9. Mai verkündete, ging ich mit Fritz Kaldewei zu unserem Spieß, dem Gerd, in den Gasthof von Reichersdorf, in dem er sein Staffelquartier eingerichtet hatte. Wir entfernten die beiden an der Wand hängenden Hitler- und Hindenburgbilder. Der Chef des Gasthofes, ein Mann von etwa 60 Jahren, brachte uns ein Herz-Jesu- und ein Herz-Marienbild. Fritz befestigte sie an der Wand der Wirtsstube. Jetzt – so mutmaßten wir – würde der Raum bei keinem Amerikaner Anstoß erregen. Was evangelisch-reformierte oder jüdische Soldaten beim Anblick der beiden Heiligenbilder empfinden könnten, bereitete uns kein Kopfzerbrechen, weil wir das Problem der Idololatrie (der Bilderverehrung) gar nicht kannten. Für den normalen „Ami" dürfte vieles, was er zwischen Iller und Inn – also auch in Reichersdorf – sah, Teil des von ihm durchaus akzeptierten „Bavarian way of life" gewesen sein. Der Spieß nahm unsere drei Wehrpässe aus dem Schreibstubenkasten. Dann vermerkte er auf den Seiten 24 und 25 der Wehrpässe von Fritz und mir, daß wir am 1. Mai 1945 aus der Wehrmacht entlassen worden seien. Außerdem drückte er das Siegel mit der Umschrift „Dienststelle Feldpostnummer L 34997" und zusätzlich den Stempel „6. Kampfgeschwader (J) 54" in unsere Wehrpässe ein. Im Gegenzug entließ ich Gerd Bremora mit denselben Stempeln und mit meiner Unterschrift ins Zivilleben. Was mit den Personalpapieren der übrigen Staffelangehörigen geschah, weiß ich nicht.

Fritz drängte weg. Seine Begründung leuchtete mir ein. Nur dann, wenn wir allein auf „unserem" Hof von Amerikanern angetroffen würden, sei unser Zivilistenstatus glaubwürdig. Fritz dachte aber auch ans Essen. Deshalb erklärte er dem Exspieß, daß die Staffel sicher noch über entsprechende Vorräte verfüge. „Des gannste net alleene verdilch'n", sächselte er. Gerd solle uns eine Marschverpflegung mit auf den Weg geben. Der verstand sofort. Er holte aus dem Keller ein Kommißbrot und etwas Schmelzkäse. Wir dankten, riefen „Servus" und verschwanden. Beim Rückweg zu unserer Einöde begegneten uns zwei Leutnants, die sich als Angehörige des KG 54 vorstellten. Wir wünschten einander alles Gute und eilten weiter; denn das wußten wir: Nicht mehr die deutsche Wehrmacht, sondern die amerikanische Armee würde jetzt für einige Zeit unsere Zukunft mitbestimmen. In unserem Bauernhof angekommen, legte ich meine Orden in eine kleine Schachtel. Ich wollte sie unbedingt aufheben; denn sie waren für mich sinnfällige Zeichen dafür, daß ich auf meine Art und sicher nicht ohne die Hilfe des lieben Gottes die Widrigkeiten meiner Odyssee zwischen 1939 und 1945 gemeistert hatte.

Dann vertauschten Fritz und ich unsere Uniformen mit der Zivilkleidung aus Würzburg. Das Neue, das jetzt auf uns zukommen würde, bereitete sowohl dem Fritz als auch mir Sorgen. Wir hatten noch nie um ein Essen gebettelt. Wo würden wir schlafen? Die Kameraden fehlten. Wir besaßen keinen Beruf. Aber gleichzeitig fühlte ich mich stark genug, um alle Schwierigkeiten zu bewältigen. Der für mich wirklich liebe Gott würde mir weiterhelfen. Daran glaubte ich fest. Ja, ich freute mich auf meinen neuen Lebensabschnitt. Der von der Dame aus Würzburg meiner Figur nur unzulänglich angepaßte Sakko und die seltsam schlotternde Hose ließen allerdings – sofern man die äußere Form als kennzeichnend für den ganzen Menschen hätte werten wollen – nicht unbedingt Gutes erwarten. Andererseits konnte unsere ungepflegte Erscheinung auch als Vorteil angesehen werden. Unsere Tarnung als Kriegsflüchtlinge, die bettelnd mit ihrer Habe eine Bleibe suchen, war perfekt. Der Kinderwagen unterstrich unsere Armut. Die Hüte verliehen uns ein schäbig – ziviles Aussehen.

Für Fritz und mich völlig überraschend, kam nach dem Anzugswechsel der Sohn des Bauern auf uns zu. Er befinde sich – so berichtete er – schon seit Mitte April in seinem elterlichen Anwesen, habe sich aber aus Furcht vor uns versteckt gehalten. Ich hätte ihn bestimmt nicht verraten, war aber trotzdem froh, daß man uns sein Hiersein verheimlicht hatte; denn im Falle seiner Entdeckung durch eine Streife der Feldgendarmerie oder der Waffen-SS wären sowohl Fritz als auch ich wegen Begünstigung eines Deserteurs in die größte Bedrängnis geraten. Dabei bestand der Unterschied zwischen dem jungen Reichersdorfer und uns, dem Gerd, dem Fritz und mir, lediglich darin, daß dieser ohne Uniform und formaljuristisch widerrechtlich den Krieg beendet hatte, während wir in Uniform und nach außen hin vollkommen legal und ohne gegenseitige Absprache, vorsichtig bis zur letzten Stunde, die schon längst fällige Kapitulation des Deutschen Reiches erwarteten.

Aber jetzt, nach dem Selbstmord Hitlers und dem Ende des Krieges, war das Kapitel Wehrmacht abgeschlossen. Jetzt fuhren amerikanische Panzer, manchmal blind in den Wald schießend, auf der zwei bis drei Kilometer von unserem Hof entfernten Autobahn in Richtung Rosenheim. Schließlich stand ein Jeep vor unserem Haus. Zwei US-Soldaten kamen verblüffend leger auf uns zu und forderten „Papers". Einer fragte mich: „Are you a soldier?" Ich zeigte ihm meinen Wehrpaß mit den Worten: „Look here, I am a civilian." Dann fügte ich an: „I am afraid to see you." Der Amerikaner lachte und konstatierte: „Okay." Ich hatte natürlich „I am glad to see you" sagen wollen, dabei aber wegen des Gleichklanges der Buchstaben von „afraid" und „erfreut" zwei in dieser Situation wesentliche Begriffe verwechselt. Doch der Soldat in der hellbraunen Uniform, mit dem verwegen auf dem Kopf sitzenden Stahlhelm und der lässig umgehängten Maschinenpistole ließ sich nicht aus seiner Ruhe bringen. Er nickte uns freundlich zu, aß mit seinem Kameraden die von den Mädchen angebotenen Strudelstücke, dankte und sagte noch einmal „okay". Dann sprangen die zwei Amerikaner in ihren Jeep und fuhren weiter.

Wir aber, Fritz und ich, verließen am Morgen des nächsten Tages – es war der 10. Mai – mit den besten Wünschen der ganzen Herbergsfamilie unsere Einöde von Reichersdorf, überquerten die Mangfall bei Weyarn und marschierten, die Sonne im Rücken und Kinderwagen schiebend, auf der Standspur der Autobahn durch den Hofoldinger Forst. Genauso wie wir beide wanderten jetzt ganze Mengen ehemaliger Wehrmachtsangehöriger von Süden nach Norden. Viele Amerikaner fuhren mit Trucks, Jeeps und Panzern vorbei. Keiner hielt uns an. Manche lachten und winkten. Bei Sauerlach schwenkten wir nach Westen ab. Irgendwo im Deisenhofener Forst stand ein Schuppen. „Fritz," rief ich, „wollen wir hier übernachten?" Der stimmte zu: „Nu, hia gönne ma gambier'n." Ein Brunnen lieferte frisches Wasser. Noch reichte unser Proviant. In den nächsten Tagen würden wir auf die Gutmütigkeit fremder Menschen angewiesen sein.

Alles grünte. Es blühten Schlüsselblumen und Vergißmeinnicht. Die Vögel zwitscherten. Junge Frauen sagten lachend: „Kommts nua rei." Wir schliefen auf Matratzen oder im Heu. Man reichte uns Brot, Tee, einmal sogar Käse. Wir hatten schließlich südlich an

München vorbei mit unserem Kinderwagen in der Nähe von Sulzemoos wieder die Autobahn und ab Gersthofen die Straße nach Donauwörth erreicht. Auf die Warnung hin, daß an der dortigen Brücke ein strenger amerikanischer Posten stehe, alle Leute kontrolliere und junge Männer einfach verhafte, stoppte ich in der Nähe von Asbach einen Truck: „Please, can I come with you?" Der Fahrer, ein Neger, entgegnete „Okay", wartete, bis wir zusammen mit unserem reichlich sperrigen Kinderwagen auf der durch eine Plane den Blicken der Donaubrückenwachtposten entzogenen Ladefläche Platz genommen hatten, und fuhr bemerkenswert geräusch- und grucherzeugend los. So gelangten wir ohne Kontrolle über die Donau bis Harburg. Dort erklärte er: „Stop." Wir bedankten uns bei dem freundlichen Neger und standen vier Stunden später, genau am 60. Geburtstag meines Vaters, vor der Wohnung meiner Eltern in Nördlingen. Ihre Frage nach unserem Wohlergehen beantworten wir zunächst mit dem für uns zwar neuen, aber eingängigen Wort „okay".

Am 18. Mai fuhren Fritz und ich mit zwei Fahrrädern nach Bamberg, wo man uns aufs beste bewirtete. Einen Tag später machte sich der Oberfeldwebel a. D. Fritz Kaldewei auf den Weg in seine sächsische Heimat. Im Oktober 1945 begann ich mit einem an der Tradition des Abendlandes orientierten Philosophiestudium, bei dem das Streben nach der Wahrheit oberstes Gebot war. Blindflug und juvenile Blindheit gehörten der Vergangenheit an. Ein Jahr später, am 12. Oktober 1946, wurde ich im Bamberger Dom mit meiner 19jährigen Penelope namens Franzi getraut. Alles war okay.

Bildnachweis

Leo Beck 3
Ludwig Fuchs 7
Siegfried Radke 3
Siegfried Wittmer 9

Der Gefreite Siegfried Wittmer
in der Fliegerkombination (1940)

Leutnant Hannes Grießler
am Steuer einer Ju 88 (1941)

Die Gefreiten Siegfried Wittmer (l), Josef Barth (m) und Hugo Volkhausen (r)
vor den Zelten im Birkenwäldchen von Berditschew (1941)

Das Emblem des KG 54:
Der Totenkopf

Wäscherin Nina
(Orscha 1942)

Die Funkgeräte in der Ju 88

Junkers-Ju 88; Horizontal- und Sturzbomber; Spannweite: 20,08 m, Länge: 14,35 m; Rüstgewicht: 8650 kg; Zuladung: 3665 kg; darunter 6 × 250 kg-Bomben, 4350 Schuß-Munition für vier Maschinengewehre (MG) und Treibstoff; Höchstgeschwindigkeit: 452 km/h in 6000 m Höhe; Marschgeschwindigkeit: 380 km/h; Sturzgeschwindigkeit: 675 km/h; Dienstgipfelhöhe: 8500 m

Vom KG 54 außer Gefecht gesetzte Panzer (1941)

1942: Landung mit Kopfstand in Orscha

Ju 88 beim Start

Anlegen der Schwimmwesten vor einem Flug nach England

Flakabwehr über England

Sturzangriff (1943)

Über dem Ätna (Sizilien 1943)

Die Unteroffiziere Ludwig Fuchs (l) und Siegfried Wittmer (r) in Tours (1943)

In der Tropenuniform (Catania 1943)

Catania 1943:
Ruhige Siesta
im Liegestuhl

Das Deutsche
Kreuz in Gold

Ludwig Fuchs (l) und Siegfried Wittmer (r)
auf der Rax (1943)

Oberleutnant und Staffelkapitän
Leo Beck (1943)

Feldwebel Siegfried Wittmer
auf dem Wallberg (1944)

Feldwebel Siegfried Wittmer mit Freundin Franzi in Bamberg (1944)